上海市工程建设规范

内河航道工程设计标准

Standard for design of inland waterway engineering

DG/TJ 08—2116—2020

J 12229—2021

主编单位：中交上海航道勘察设计研究院有限公司

批准部门：上海市住房和城乡建设管理委员会

施行日期：2021 年 8 月 1 日

同济大学出版社

2021 上海

图书在版编目(CIP)数据

内河航道工程技术标准 / 中交上海航道勘察设计研究院有限公司主编. —上海：同济大学出版社，2021.8

ISBN 978-7-5608-9702-8

Ⅰ. ①内… Ⅱ. ①中… Ⅲ. ①内河航道-航道工程-技术标准 Ⅳ. ①U697.31-65

中国版本图书馆 CIP 数据核字(2021)第 135161 号

内河航道工程设计标准

中交上海航道勘察设计研究院有限公司 **主编**

策划编辑 张平官

责任编辑 朱　勇

责任校对 徐春莲

封面设计 陈益平

出版发行 同济大学出版社　　www.tongjipress.com.cn

（地址：上海市四平路 1239 号　邮编：200092　电话：021－65985622）

经　　销 全国各地新华书店

印　　刷 浦江求真印务有限公司

开　　本 889mm×1194mm　1/32

印　　张 4.625

字　　数 124 000

版　　次 2021 年 8 月第 1 版　　2021 年 8 月第 1 次印刷

书　　号 ISBN 978-7-5608-9702-8

定　　价 45.00 元

上海市住房和城乡建设管理委员会文件

沪建标定〔2021〕84 号

上海市住房和城乡建设管理委员会
关于批准《内河航道工程设计标准》
为上海市工程建设规范的通知

各有关单位：

由中交上海航道勘察设计研究院有限公司主编的《内河航道工程设计标准》，经我委审核，现批准为上海市工程建设规范，统一编号为 DG/TJ 08—2116—2020，自 2021 年 8 月 1 日起实施。原《内河航道工程设计规范》(DG/TJ 08—2116—2012)同时废止。

本规范由上海市住房和城乡建设管理委员会负责管理，中交上海航道勘察设计研究院有限公司负责解释。

特此通知。

上海市住房和城乡建设管理委员会

二〇二一年二月十日

前　言

根据上海市住房和城乡建设委员会《关于印发〈2018 年上海市工程建设规范、建筑标准设计编制计划〉通知》（沪建标定〔2017〕898 号）的要求，中交上海航道勘察设计研究院有限公司在总结《内河航道工程设计规范》DG/TJ 08—2116—2012 实践经验、开展专题研究和广泛征询意见的基础上，结合本市内河航道工程特点和发展需求修订成本标准。

本标准主要内容包括：总则；术语；航道等级、通航水位与作业标准；代表船型与航道尺度；航道选线与布置；船闸；停泊区、服务区；航道护岸；航道疏浚、开挖；助航与航道信息化设施；管理设施；过河、临河建筑物；附录。

本次修订主要内容有：

1. 代表船型与航道尺度：增加了 120TEU 内河集装箱船（河海直达）船型，删除了拖带船队船型；修改了航道设计水深计算方法。

2. 停泊区、服务区：增加了加气设施、岸电设施等相关内容，修改了服务楼的建设规模。

3. 航道护岸：增加了护岸结构顶高程的设计要求。

4. 过河、临河建筑物：

(1) 增加了桥梁、隧道、管线的建设不应影响航道按规划实施的要求；

(2) 修改了闸控航道水上过河建筑物轴线间距要求，修改了限制性航道水上过河建筑物的布置要求；

(3) 修改了水中墩紊流宽度的计算参数；

(4) 增加了水中防撞墩设计航速的计算方法；

(5) 调整了过河缆线通航净高的要求；

(6) 调整了水下过河建筑物埋深要求的范围；

(7) 修改了铁塔、电杆等沿河建筑物与航道水系蓝线的距离要求；修改了装卸码头与水下过河建筑物的距离；

(8) 增加了碍航物的清除标准。

5. 附录C：修改了船行波的计算公式。

6. 附录E：取消货运功能航道主要技术参数。

各单位及相关人员在执行本标准过程中，如有意见和建议，请反馈至上海市交通委员会（地址：上海市世博村路300号1号楼；邮编：200125；E-mail：shjtbiaozhun@126.com），中交上海航道勘察设计研究院有限公司（地址：上海市浦东大道850号；邮编：200120；E-mail：ch@shiw.com.cn），上海市建筑建材业市场管理总站（地址：上海市小木桥路683号；邮编：200032；E-mail：shgcbz@163.com），以供今后修订时参考。

主编单位：中交上海航道勘察设计研究院有限公司

参编单位：上海市港航事业发展中心

上海城投公路投资（集团）有限公司

上海城投航道建设有限公司

主要起草人：徐　元　陈　虹　郑　静　邓丰昌　马兴华

赵东华　杨　杰　万新宁　宋　良　车　军

金　一　陈青毅　严家君　戴文渊　钱茹莹

孔　庄　赵　丽　岳申舟　于佳乾　项雨略

陈　炼　董宇路　彭　玮

主要审查人：陈道熙　胡　欣　周　海　唐国利　戚秀莲

年福龙　沈逸民

上海市建筑建材业市场管理总站

目　次

Contents

1 总 则

1.0.1 为适应本市内河水运发展需求，统一内河航道工程技术要求，在现行有关标准的基础上，结合本市内河航道的特点，制定本标准。

1.0.2 本标准适用于除黄浦江航道以外的本市内河航道（含船闸、过河建筑物、临河建筑物等）的规划、设计和通航条件影响评价。

1.0.3 对由交通主管部门批准取消货运功能的航道（不包括湖区），其规划、设计和通航条件影响评价应符合本标准附录 E 的规定。

1.0.4 内河航道的设计应符合城市总体规划、内河航运发展规划、内河港口布局规划和航道水系蓝线规划，结合水利规划，遵循以航运为主、水资源综合利用的原则，满足航运、水利、环保、节能要求，注重航道生态，兼顾景观要求，发挥综合效益。

1.0.5 内河航道应按批准的航道等级进行设计，通航尺度应通过综合技术经济比较确定。船闸和过、临河建筑物等不易扩建、改建的永久性工程和一次建成比较合理的工程，应按远期航道技术等级或航运发展长远需求进行设计。

1.0.6 内河航道的规划、设计和通航条件影响评价除应符合本标准外，尚应符合国家、行业和本市现行有关标准的规定。

2 术 语

2.0.1 限制性航道 restricted channel

因水面狭窄、断面系数小，船舶航行阻力明显增加，对船舶航行有明显限制作用的航道。在本标准中指断面系数小于等于10的航道。

2.0.2 非限制性航道 non-restricted channel

除限制性航道以外的航道。在本标准中指断面系数大于10的航道。

2.0.3 闸控航道 lock-controlled channel

水位受闸控制的航道。

2.0.4 开敞航道 non-lock controlled channel

水位不受闸控制的航道。

2.0.5 通航水域 navigable water

具备一定通航条件、可供船舶航行的水域。主要包括：现状条件下的航道水域；为满足航运发展需求规划为航道的水域。

2.0.6 航道断面系数 cross-section coefficient

设计最低通航水位时，过水断面面积与设计船型在设计吃水时的舯横剖面浸水面积之比值。

2.0.7 航道尺度 channel dimensions

设计最低通航水位时航道的最小水深、底宽和弯曲半径的总称。

2.0.8 航道水深 navigable depth

航道范围内设计最低通航水位至航道设计底高程的垂直距离。

2.0.9 航道底宽 navigable width

垂直于航道中心线、最小设计航道水深范围内航道底边线之间的水平距离。

2.0.10 航道弯曲半径 curvature radius of channel

弯曲段航道中心线的圆弧半径。

2.0.11 船闸有效尺度 useful dimensions of ship lock

船闸闸室有效长度、有效宽度和门槛最小水深的总称。

2.0.12 闸室有效长度 useful length of ship lock

船闸闸室内可供船舶安全停泊的长度。

2.0.13 闸室有效宽度 useful width of ship lock

船闸闸室内可供船舶安全停泊的宽度。

2.0.14 门槛最小水深 minimum water depth above sill

设计最低通航水位至门槛顶部的垂直距离。

2.0.15 通航净空尺度 dimensions of navigation clearance

水上过河建筑物通航净空高度和净空宽度的总称。

2.0.16 通航净空宽度 navigable clearance width

水上过河建筑物通航孔墩柱之间的内空范围内，可供船舶安全航行的有效宽度，包括通航净宽和上底宽。

2.0.17 通航净空高度 navigable clearance height

通航净空宽度范围内，从水上过河建筑物结构最低点至设计最高通航水位之间的垂直距离，包括通航净高和侧高，不包括水上过河建筑物自重引起的工后沉降和地面整体沉降。

2.0.18 代表船型 typical ship type

为确定通航尺度，通过技术经济论证优选确定的、设计载重量可达到相应吨级的船型。

2.0.19 代表船队 typical fleet

为确定通航尺度，通过技术经济论证优选确定的、由代表船型的船舶组成的船队。

2.0.20 船舶设计吃水 designed draft of ship

船舶处于设计载重量状态时的吃水。

2.0.21 候闸区 waiting area of ship lock within approach channel

设置在船闸上、下游引航道两侧，用于船舶等候过闸临时停泊的水域和设施。

2.0.22 前港 waiting area of ship lock beyond approach channel

设置在船闸上、下游引航道外，供过闸高峰时段超出候闸区能力的船舶、船队等候过闸临时停泊的水域和设施。

2.0.23 护岸前沿线 front line of revetment

临航道水域侧，护岸主体结构顶部的前沿线。对于斜坡式护岸，护岸前沿线即为压顶或坡肩的前沿线；对于设有一级挡墙的护岸，即为挡墙顶部的前沿线；对于设有多级挡墙的护岸，为从水域侧起算，第一级挡墙顶部的前沿线。

2.0.24 航道水系规划控制线 control lines of channel and river planning

经批准的航道水系蓝线规划中航道水系蓝线和航道陆域用地控制线的总称。

2.0.25 航道水系蓝线 front line of channel and river planning

经批准的航道水系蓝线规划中航道水系的护岸控制线。

2.0.26 航道陆域用地控制线 land control line of channel planning

经批准的航道水系蓝线规划中位于航道水系蓝线后方，从规划层面控制航道沿线新建建筑物，保证航道建设用地范围的控制线。

2.0.27 航道水系蓝线宽度 planning width of channel

经批准的航道水系蓝线规划中航道水系两侧蓝线（护岸控制线）之间的距离，又称航道规划面宽。

2.0.28 航道陆域用地控制宽度 land control width of channel planning

经批准的航道水系蓝线规划中同一侧航道陆域用地控制线与航道水系蓝线之间的宽度。

2.0.29 河道蓝线 lines of river planning

由河道中心线、两岸河口线和陆域控制线组成的河道规划控制线。

3 航道等级、通航水位与作业标准

3.1 航道等级及规模

3.1.1 本市的内河航道按自然属性，可分为天然河流航道、综合利用的通航渠道和湖区航道；按对船舶航行是否有明显限制作用，可分为限制性航道和非限制性航道；按是否设闸、水位是否受闸控制，可分为闸控航道和开敞航道。其特点、分类用途见表 3.1.1。

表 3.1.1 本市内河航道分类

航道分类		航道特点	航道分类主要用途
按自然属性分类	天然河流航道	以天然形成为主；水位受径流、潮汐双重影响；流速大、有横流	—
	综合利用的通航渠道	除通航功能外，具有排洪、排涝、引水、灌溉等综合功能或之一功能	—
	湖区航道	水面开阔，船舶受风浪影响较大	—
按航行限制作用分类	限制性航道	水面狭窄、断面系数小、对船舶航行有明显限制作用	确定航道水深、水上过河建筑物通航净宽
	非限制性航道	水面宽阔、断面系数大、船舶航行无明显限制作用	
按是否设闸分类	开敞航道	水位受径流、潮汐双重影响；流速大、有横流	确定通航水位、航道底宽
	闸控航道	水位受本地径流和人工调节控制；流速小、基本无横流	

3.1.2 内河航道应按可通航内河船舶的吨级划分为 6 级，具体等级划分应符合表 3.1.2 的规定。

表 3.1.2 航道等级划分

航道等级	Ⅱ	Ⅲ	Ⅳ	Ⅴ	Ⅵ	Ⅶ
船舶吨级(t)	2 000	1 000	500	300	100	50

注：船舶吨级按船舶设计载重吨确定。

3.1.3 内河航道的线数应根据运输需求、航道条件和投资效益分析确定。除整治特别困难的局部航段和另有规定外，应采用双线及以上航道。当双线航道不能满足运输要求时，应采用三线以上航道，其底宽应根据船舶通航要求研究确定。

3.1.4 内河航道的通过能力应满足设计水平年内各期的货运量和船舶通航要求。航道的设计水平年应根据航道的不同条件采用航道建成后 20 年～30 年；对于扩建和改建困难的工程，应采用更长的设计水平年。

3.1.5 航道通过能力可按本标准附录 A 有关公式计算。

3.2 通航水位

3.2.1 通航水位应包括设计最高通航水位和设计最低通航水位。对于水文条件复杂多变或历史水位资料统计年限较短的航道，通航水位应考虑规划或设计水平年内水位变化趋势对通航水位的影响，并留有适当富裕。

3.2.2 水位资料的取用应符合下列规定：

1 当航道及相邻河网按规划建设后的水文条件没有发生明显变化时，应采用近期连续的历史水位资料，年限不少于 20 年。

2 当航道及相邻河网按规划建设后的水文条件发生明显变化时，应通过分析研究，并通过暴雨、径流、潮汐组合情况下的河网水利计算确定，历史水位资料可作为校验。

3.2.3 开敞航道设计最高通航水位的确定应符合下列规定：

1 潮汐影响明显的航道，设计最高通航水位应采用年最高潮位频率为5%的潮位，按极值Ⅰ型分布律计算确定。其计算方法可按现行行业标准《港口与航道水文规范》JTS 145的有关规定执行；计算成果应包括统计年限内历年的最高潮位及出现时间、频率曲线以及年最高潮位频率为1%、2%、5%、10%、20%、33%、50%、99%的潮位。

2 潮汐影响不明显的航道，设计最高通航水位应采用表3.2.3规定的各级洪水重现期的水位，按P-Ⅲ型分布律计算确定。计算成果应包括统计年限内历年的最高水位及出现时间、频率曲线以及重现期为2、3、5、10、20、50、100年的高水位。

表3.2.3 设计最高通航水位的洪水重现期

航道等级	Ⅱ、Ⅲ	Ⅳ、Ⅴ	Ⅵ、Ⅶ
洪水重现(年)	20	10	5

3.2.4 开敞航道设计最低通航水位的确定应符合下列规定：

1 潮汐影响明显的航道，设计最低通航水位应采用低潮累积频率为90%的潮位。其计算方法可按现行行业标准《港口与航道水文规范》JTS 145的有关规定执行；计算成果应包括统计年限内历年的最低潮位及出现时间、低潮累积频率曲线以及低潮累积频率为90%、95%、99%的潮位。

2 潮汐影响不明显的航道，设计最低通航水位应采用综合历时曲线法计算的多年历时保证率的水位，其多年历时保证率应符合表3.2.4的规定。其计算方法按现行行业标准《港口与航道水文规范》JTS 145的有关规定执行；计算成果应包括统计年限内历年的最低水位及出现时间、综合历时曲线以及多年历时保证率为90%、95%、98%、99%的低水位。

表 3.2.4 设计最低通航水位的多年历时保证率

航道等级	Ⅱ	Ⅲ、Ⅳ	Ⅴ、Ⅵ、Ⅶ
多年历时保证率(%)	≥98	98～95	95～90

3.2.5 闸控航道设计最高通航水位应根据综合利用的要求，结合本标准第 3.2.3 条的有关规定确定。针对闸控航道的水情特点和运行特点，经技术论证，可按综合历时保证率法确定，综合历时保证率不应大于 1%。

3.2.6 闸控航道设计最低通航水位应根据综合利用的要求，结合本标准第 3.2.4 条的有关规定确定。

3.3 作业标准

3.3.1 内河航道的作业标准应包括通航水流条件、通航气象条件和设计航速。

3.3.2 航道设计应按现行行业标准《港口与航道水文规范》JTS 145 的规定取得航道的水流(潮流)资料。

3.3.3 通航水流条件应符合表 3.3.3 的规定。

表 3.3.3 通航水流条件

<table>
<tr><th rowspan="2">航道位置</th><th colspan="2">流速(m/s)</th></tr>
<tr><th>Ⅱ～Ⅳ级航道</th><th>Ⅴ～Ⅶ级航道</th></tr>
<tr><td>水中设墩桥区航段</td><td rowspan="2">纵向流速≤2.0
横向流速≤0.3</td><td rowspan="2">纵向流速≤1.5
横向流速≤0.25</td></tr>
<tr><td>船闸引航道口门区</td></tr>
<tr><td>其他航段</td><td colspan="2">纵向流速≤2.0
横向流速≤0.5</td></tr>
</table>

注：本标准所称的水中设墩桥区航段，对于开敞航道，指水中设墩桥梁上游或下游航道代表船型顶推船队长度的 3 倍、货船长度的 4 倍范围内的航段；对于闸控航道，指水中设墩桥梁上游或下游航道代表船型顶推船队长度的 2 倍、货船长度的 3 倍范围内的航段。

3.3.4 通航气象条件应以保障船舶航行安全和沿跨航道设施安全为原则，根据航道等级、所处的航道位置、平面条件、水中设施情况分析确定，一般可按表 3.3.4 确定。

表 3.3.4 通航气象条件

<table>
<tr><th>航道位置</th><th>风力(级)</th><th>能见度</th></tr>
<tr><td>顺直微弯航段</td><td rowspan="5">≤6</td><td rowspan="2">≥3 min 航程，且≥500 m</td></tr>
<tr><td>船闸引航道</td></tr>
<tr><td>弯道</td><td rowspan="3">≥5 min 航程，且≥1 000 m</td></tr>
<tr><td>航道交汇口</td></tr>
<tr><td>水中设墩桥区航段</td></tr>
</table>

注：本标准所称的顺直微弯航段指转角≤15°的航段，以及弯曲半径大于等于航道代表船型顶推船队长度的 6 倍或货船长度 12 倍的航段；所称的弯道不包括顺直微弯航段。

3.3.5 设计航速应包括设计最高航速和设计最低航速，设计航速应以满足航运需要，保障船舶航行、护岸、船闸、水中设施安全为原则，根据航道等级、所处的航道位置、航道尺度、航道运量、航行繁忙程度、代表船型、水流条件和气象条件分析确定。

4 代表船型与航道尺度

4.1 一般规定

4.1.1 代表船型严禁选用限制、淘汰型船舶。

4.1.2 航道尺度应根据航道类别、航道等级和代表船型确定。对于双线航道，开敞航道的断面系数不应小于7，闸控航道的断面系数不应小于6。

4.2 代表船型

4.2.1 代表船型可根据航道等级、功能和货种，依据现行国家标准《内河通航标准》GB 50139和表4.2.1选择。

表4.2.1 航道代表船型

<table>
<tr><th>航道等级</th><th>船舶吨级(t)</th><th>代表船舶、船队</th><th>代表船舶、船队尺度(m)
(总长×型宽×设计吃水)</th></tr>
<tr><td rowspan="3">Ⅱ</td><td rowspan="3">2 000</td><td>120TEU内河集装箱船
(河海直达)</td><td>80×12.6×2.6</td></tr>
<tr><td>2 000 t货船</td><td>90×15.4×2.6</td></tr>
<tr><td>一顶一列式2×2 000 t顶推船队</td><td>船队161×15.8×(2.7～2.9)，
驳船68×15.8×(2.7～2.9)</td></tr>
<tr><td rowspan="3">Ⅲ</td><td rowspan="3">1 000</td><td>90TEU内河集装箱船</td><td>72.7×12.6×(2.7～2.8)</td></tr>
<tr><td>1 200 t干散货船</td><td>64×10.8×(2.7～2.9)</td></tr>
<tr><td>1 000 t干散货船</td><td>58×9.8×(2.7～2.9)</td></tr>
</table>

续表4.2.1

航道等级	船舶吨级(t)	代表船舶、船队	代表船舶、船队尺度(m)(总长×型宽×设计吃水)
Ⅲ	1 000	1 000 t 油船	68×10.8×(2.7～2.9)
		一顶一列式 2×1 000 t 顶推船队	船队 161×10.8×2.2, 驳船 68×10.8×2.2
Ⅳ	500	60TEU 内河集装箱船	65×10.6×(2.2～2.5)
		700 t 干散货船	52×9.6×(2.2～2.5)
		500 t 干散货船	47×8.8×2.1
		500 t 油船	52×9.6×(2.2～2.6)
		500 t 自航驳＋500 t 顶推船队	船队 100×10.8×2.0
Ⅴ	300	30TEU 内河集装箱船	49×9.8×(1.9～2.2)
		24TEU 内河集装箱船	43×9.8×(1.9～2.2)
		16TEU 内河集装箱船	42×6.6×2.0
		400 t 干散货船	42×7.5×(2～2.1)
		300 t 干散货船	38×7.3×1.9
		300 t 油船	42×8.2×(1.9～2.2)
Ⅵ	100	200 t 干散货船	32×6.2×(1.7～1.9)
		200 t 油船	40×7.1×(1.6～1.9)
		100 t 干散货船	26×5.0×1.5
		100 t 油船	31×6.0×1.6
Ⅶ	50	50 t 干散货船	25×5.5×1.2

注:1 设计吃水取值:开敞航道取高值,闸控航道宜取高值;条件困难或设计航速较低时,可取低值。

2 通行河海直达船舶的航道,船闸枢纽设计尺度宜采用 120TEU 内河集装箱船(河海直达)进行校核。

4.3 航道尺度

4.3.1 航道设计水深可按式(4.3.1-1)计算,并不应小于式(4.3.1-2)的计算值:

$$H = \gamma T \tag{4.3.1-1}$$

式中:H ——航道设计水深(m);

T ——船舶设计吃水(m);

γ ——系数,可按表4.3.1-1选用。

表4.3.1-1 γ取值表

航道断面系数 n	γ
6~7	1.6~1.5
7~10	1.5~1.4
10~14	1.4~1.25
14~20	1.25~1.15
>20	1.15

注:宜取高值;条件困难或设计航速较低时,可取低值。

$$H = T + \Delta H + Z \tag{4.3.1-2}$$

式中:ΔH ——富裕水深值(m),可按表4.3.1-2选用;

Z ——备淤深度(m),根据航道年回淤强度分析研究确定。

表4.3.1-2 富裕水深值

航道等级	Ⅲ	Ⅳ	Ⅴ	Ⅵ	Ⅶ
富裕水深(m)	0.5~0.7	0.3~0.5	0.3~0.5	0.2~0.3	0.2~0.3

注:1 流速和风浪较大的水域取大值;反之,取小值。

2 对于限制性航道,相应富裕水深值可适当加大。

4.3.2 直线段航道底宽可按本标准附录 B 计算。当双线航道直线段航道底宽计算值小于表 4.3.2 中的相应值时，应按表 4.3.2 确定。

表 4.3.2 双线航道直线段最小航道底宽

航道等级	船舶吨级(t)	双线航道直线段最小航道底宽(m)	
		开敞航道	闸控航道
Ⅱ	2 000	75	60
Ⅲ	1 000	60	50
Ⅳ	500	50	42
Ⅴ	300	45	40
Ⅵ	100	30	20
Ⅶ	50	24	16

4.3.3 航道的最小弯曲半径应按现行国家标准《内河通航标准》GB 50139 取值，并符合下列规定：

1 航道的最小弯曲半径不宜小于顶推船队长度的 3 倍或货船长度的 4 倍。

2 在条件受限航段及航道交汇口，航道最小弯曲半径不能达到上述要求时，在航道底宽加宽值和驾驶通视均能满足需要的前提下，经充分论证后弯曲半径可适当减小，但不应小于顶推船队长度的 2 倍或货船长度的 3 倍。最小弯曲半径宜采用船舶实船航行试验或船舶操纵物理模拟试验论证，有同类工程经验时也可采用船舶操纵数值模拟试验论证。

3 复杂条件航段或航行密度大的航道交汇口，最小弯曲半径宜采用船舶实船航行试验或船舶操纵物理模拟试验研究确定，有同类工程经验时也可采用船舶操纵数值模拟试验研究确定。

4.3.4 弯曲段航道底宽应在直线段航道底宽的基础上加宽，其加宽值的确定应符合下列规定：

1 加宽值可按式(4.3.4)计算。

$$\Delta B=\frac{L_c^2}{2R+B} \tag{4.3.4}$$

式中：ΔB ——弯曲段航道底宽加宽值(m)；

L_c ——货船长度、顶推船队长度(m)；

R ——弯曲半径(m)；

B ——直线段航道底宽(m)。

2 当弯道的弯曲半径、弯道转角、设计航速同时符合表 4.3.4 所列情形时，航道底宽的加宽值宜采用船舶实船航行试验或船舶操纵物理模拟试验研究确定，有同类工程经验时也可采用船舶操纵数值模拟试验研究确定，且不应小于按式(4.3.4)的计算值。

表 4.3.4 宜通过试验研究确定航道加宽值的弯道

弯道弯曲半径	弯道转角	设计航速
$<6L_c$	46°～75°	>10 km/h
	≥76°	>8 km/h

3 当弯曲半径大于等于顶推船队长度的 6 倍或货船长度的 8 倍时，可不加宽。

5 航道选线与布置

5.1 一般规定

5.1.1 航道选线和平面布置宜利用现有航道和水系,减少征地拆迁,节约土地,缩短航道里程,减少基建工程量。

5.1.2 航道选线应根据航道平面布置及尺度需要,结合现有河道的平面线形、水域宽度、弯曲半径、可供拓宽的陆域条件,经论证确定。

5.2 航道选线

5.2.1 当现有河道的平面线形、水域宽度、弯曲半径满足航道整治需要时,航道选线应采用直接利用现有河道的方式。

5.2.2 当现有河道的平面线形、水域宽度、弯曲半径不能满足航道整治需要时,航道选线可采取拓宽浚深现有河道、局部切滩或改线等方式,通过多方案的技术经济比较后确定。

5.3 航道平面布置

5.3.1 航道平面布置应包括航道中心线布置、护岸前沿线布置、航道征地范围线布置、航道拓宽方式的确定、航道护岸断面型式的选择、航道底边线与护岸前沿线距离的确定等。

5.3.2 航道平面布置应根据航道通航水域断面尺度、航道水深条件、航道沿线地形以及过河、临河建筑物分布和工程地质情况,经技术经济比较后确定。

5.3.3 航道平面布置应符合下列规定：

1 航道中心线宜采用顺直、微弯线形，除航道交汇口外，弯道转角不宜超过60°；若因条件限制确需采用急弯，应符合本标准第4.3.4条的有关规定。

2 航道中心线弯道段弯曲半径应符合本标准第4.3.3条的规定，中心线采用圆弧线布置，圆弧线与直线段采用相切的方式连接。

3 航道中心线两个反向弯道之间应设置直线段，直线段长度不应小于设计顶推船队长度的1倍或货船长度的2倍。

4 航道中心线宜在两岸护岸前沿线之间居中布置。

5 航道征地范围线布置应能满足航道建设运行和确保防汛通道可到达的需要。

5.3.4 对于已有航道水系规划控制线的航道，航道平面布置尚应符合航道水系蓝线、航道陆域用地控制线及其相关规定。

5.3.5 航道护岸断面型式的选择应符合下列规定：

1 航道护岸断面型式宜采用复合式。

2 对于土地资源稀缺、建筑物密集导致征地拆迁量较大的岸段，航道护岸断面型式宜采用直立式。

3 对于河面宽阔，航道面宽、自然岸坡坡度满足斜坡式护岸建设要求的岸段，航道护岸断面型式宜采用斜坡式。

6 船 闸

6.1 一般规定

6.1.1 船闸应按可通航内河船舶的吨级划分为 6 级，其分级指标应与航道分级指标相同。

6.1.2 船闸应包括闸首、闸室、输水系统、引航道、口门区、连接段、候闸区、导航建筑物、靠船建筑物、闸门、阀门、启闭机械、电气控制和通信、导助航、运行管理等附属设施及生产、生活辅助建筑物等。根据运行需要，可设置前港、远方调度站。

6.2 船闸规模

6.2.1 船闸通过能力应满足设计水平年内各期的货运量和船舶过闸量要求。船闸的设计水平年应根据船闸的不同条件采用船闸建成后 20 年～30 年；对于增建复线、多线和改、扩建困难的船闸，应根据远期运输要求，采用更长的设计水平年。

6.2.2 船闸有效尺度应符合下列规定：

1 有效宽度、有效长度、门槛水深可按式(6.2.2-1)～式(6.2.2-5)计算；当计算值小于现行国家标准《内河通航标准》GB 50139 的相应值时，应按现行国家标准《内河通航标准》GB 50139 确定。

$$L_k = \sum L_c + L_f \tag{6.2.2-1}$$

$$B_k = \sum B_s + B_f \tag{6.2.2-2}$$

$$B_f = \Delta B + 0.025(n-1)B_s \quad (6.2.2\text{-}3)$$

$$H_k \geqslant 1.6T \quad (6.2.2\text{-}4)$$

$$L_f \geqslant 4 + 0.05\sum L_c \quad (6.2.2\text{-}5)$$

式中：L_k——闸室有效长度(m)；

$\sum L_c$——同一闸次过闸船队或货船的总长度(m)；

L_f——同一闸次过闸船舶纵向富裕总长(m)；

B_k——船闸闸首口门和闸室有效宽度(m)；

$\sum B_s$——同一闸次过闸船舶并列停泊于闸室的最大总宽度(m)；

B_f——富裕宽度(m)；

ΔB——富裕宽度附加值(m)，当 $B_s \leqslant 7$ m 时，$\Delta B = 1$ m，当 $B_s > 7$ m 时，$\Delta B = 1.2$ m；

n——过闸停泊在闸室的船舶的列数；

H_k——船闸门槛最小水深(m)；

T——船舶设计吃水(m)。

2 船闸闸首口门和闸室有效宽度应等宽。

6.2.3 候闸区建设规模应根据运量、货种、代表船型及其比例、过闸时间计算确定，且不应小于一闸次船舶停靠所需长度。

6.2.4 当候闸区建设规模不能满足船闸设计通过能力的船舶、船队候闸停泊需要时，应设置前港。

6.3 总体布置

6.3.1 闸址选择、船闸总体布置和泥沙防治可按现行行业规范《船闸总体设计规范》JTJ 305 执行。

6.3.2 候闸区的平面布置应符合下列规定：

1 候闸区宜直线布置；靠船建筑物宜连续布置，若受航道条件限制，也可间隔布置。

2　连续布置靠船建筑物的泊位长度应按式(6.3.2-1)和式(6.3.2-2)计算确定。

$$L_b = \sum L_c + L_f \tag{6.3.2-1}$$

$$L_f \geqslant 4 + 0.05 \sum L_c \tag{6.3.2-2}$$

式中：L_b——候闸区泊位长度(m)；

$\sum L_c$——船队或货船的总长度(m)；

L_f——富裕长度(m)。

3　靠船建筑物间隔布置时，泊位长度不应小于货船长度或船队长度。

6.3.3　引航道口门至主航道反向曲线之间的直线段长度不应小于顶推船队长度、货船长度。

6.3.4　船闸上、下游引航道外设置前港时，其布置应符合下列规定：

1　前港宜选在风浪小、水流缓、无泡漩的水域，不宜选在淤积严重的水域，前港水深不应小于引航道内最小水深。

2　前港宜采用顺岸停靠方式，设置靠船墙、靠船墩、趸船、靠船桩等靠船设施；当水域条件允许时，也可采用锚泊方式。

3　前港和引航道候闸区分开布置时，应同步设置远方调度站。

6.4　船闸通过能力计算

6.4.1　当设计水平年内各运行期间预测运量、货种、代表船型及其比例有明显不同时，可分别计算各期的通过能力。

6.4.2　一次过闸平均吨位应根据运量、货种、代表船型及其比例，结合船闸有效尺度进行组合确定。

6.4.3 一次过闸时间应根据单向过闸和双向过闸的过闸时间和比例确定,可按下列公式确定:

$$T = nT_1 + mT_2/2 \tag{6.4.3-1}$$

$$n = 1 - m \tag{6.4.3-2}$$

式中:T ——一次过闸时间(min);

n ——单向过闸次数的比例(%);

T_1 ——单向一次过闸时间(min);

m ——双向过闸次数的比例(%);

T_2 ——上、下行各一次的双向过闸时间(min)。

7 停泊区、服务区

7.1 一般规定

7.1.1 为满足船舶候泊、充电、补给、交通管制、污染物接收等需求，应在内河航道网设置停泊区、服务区，其功能和建设规模应满足设计水平年内船舶停泊、服务需要。

7.1.2 停泊区、服务区的布局应根据内河航道网规划统筹考虑，遵循方便船舶和管理的原则，结合航道运量、航行密度、自然、社会和建设等条件综合确定。

7.1.3 停泊区、服务区根据用途和功能可分为综合服务区、一般服务区、一般停泊区和检查停泊区，其功能配置应符合表 7.1.3 的规定。

表 7.1.3 停泊区、服务区功能配置

分类	用途	主要功能	基本服务功能	拓展服务功能
综合服务区	用于船舶候泊、补给、交通管制等情况下的停泊	应包括船舶停靠、生活垃圾回收、船舶污水回收	应包括应急救助、加水、加油、加气、岸电供应、生活用品购物等	可包括配件供应、船舶检修、就餐、休憩等
一般服务区	用于船舶待泊、候航、一般补给、交通管制等情况下的停泊	应包括船舶停靠、生活垃圾回收、船舶污水回收	应包括加水、生活用品购物等	可包括岸电供应等

续表7.1.3

分类	用途	主要功能	基本服务功能	拓展服务功能
一般停泊区	用于船舶因水文气象条件不足、桥梁净高不足的候航停泊，需要控制流量或交通管制时的候航停泊	应包括船舶停靠	—	—
检查停泊区	用于省际检查站、管理站点船舶待检临时停泊	应包括船舶停靠	应包括应急救助	可包括生活垃圾回收、船舶污水回收

7.2 停泊区、服务区选址

7.2.1 停泊区、服务区宜邻近或结合港区、管理站点、省际检查站布置。

7.2.2 停泊区、服务区与水源保护区、水厂取水口的距离应符合现行国家标准《生活饮用水卫生标准》GB 5749 及相关规定的要求。

7.2.3 综合服务区选址应依托Ⅴ级及以上航道，结合城市总体规划、城镇规划、内河航运发展规划、内河港区布局规划和航道水系蓝线规划，邻近或结合内河集约化港区、航道网的关键节点，与城镇保持适当距离。

7.2.4 一般服务区选址应依托Ⅵ级及以上航道，结合城市总体规划、城镇规划、内河航运发展规划和内河港区布局规划，邻近装卸码头相对集中的航段、航道网的重要节点布置，与城镇保持适当距离。

7.2.5 一般停泊区的选址应符合下列要求：

1 在湖区航道的入口附近、需要控制流量或交通管制的航段应设置一般停泊区，并应布置在控制航段之前、船舶前进方向的右侧。

2 其余航段可根据航道等级、航行密度，结合航道沿线水域、陆域条件设置一般停泊区。

7.2.6 综合服务区、一般服务区的陆域条件应满足陆上设施建设需要，陆上交通条件应满足服务区与城镇之间的交通需要。

7.2.7 危险化学品船舶宜单独布置停泊设施和服务设施。

7.2.8 停泊设施与水中设墩水上过河建筑物、水下过河建筑物的距离应按现行行业标准《河港总体设计规范》JTS 166 执行。

7.3 停泊设施

7.3.1 停泊设施的泊位数量应根据运量、货种、代表船型及其比例、船舶驶入率、船舶平均停泊时间和停泊不平衡系数，按式(7.3.1)计算确定。

$$N=\frac{\bar{M}\times K_{\mathrm{r}}\times K_{\mathrm{t}}\times t}{24} \tag{7.3.1}$$

式中：N ——泊位数量(个)。

$\bar{M}$ ——日平均单向船舶通过量(艘/日)。

K_{r} ——船舶驶入率(%)，应分析确定。其中，综合服务区、一般服务区和一般停泊区可取 10%～50%，停泊设施设置密度大的取小值，反之取大值。

K_{t} ——停泊不平衡系数，根据航道运量、流向、运输特点综合确定；当缺乏资料时，可取 1.5～2.0。

t ——船舶平均停泊时间(h)。检查停泊区可取 1 h，综合服务区、一般服务区和一般停泊区可取 1 h～6 h。

7.3.2 停泊设施宜采用码头、靠船墩、趸船、靠船桩等型式，平面布置方式可采用顺岸式、顺岸挖入式和港池挖入式。

7.3.3 停泊设施采用顺岸式和顺岸挖入式布置时，应符合下列要求：

1 船舶顺靠时，码头前沿停泊水域宽度应为设计船型宽度加富裕宽度；船舶丁靠时，码头前沿停泊水域宽度应为船舶离岸端至码头前沿线的距离与富裕宽度之和；富裕宽度宜取 1.0 倍设计船型宽度，水流较急河段富裕宽度应适当加宽。

2 当允许船舶在停泊设施前沿直接回旋时，按本标准第 12.4.6 条第 2 款执行。

3 当在离开停泊设施一定距离的水域设置专门的回旋水域时，按本标准第 12.4.6 条第 3 款执行。

7.3.4 停泊设施采用港池挖入式布置时，应符合现行行业标准《河港总体设计规范》JTS 166 的有关规定。

7.4 服务设施

7.4.1 加水设施应结合停泊设施设置给水栓和水表，加水效率应能满足船舶正常加水需要。

7.4.2 加油设施应包括加油泊位、加油机、储油罐及附属设施、开票房等，并应符合下列规定：

1 加油设施的建设规模应根据各代表船型的数量及加油密度、加油量计算确定，其等级应符合表 7.4.2 的要求。

表 7.4.2 加油设施的等级

等级	储油罐容积 V(m^3)	
	总容积	单罐容积
一级	$240<V\leqslant360$	$\leqslant50$
二级	$120<V\leqslant240$	$\leqslant50$
三级	$V\leqslant120$	$\leqslant50$

注：上表中容积按船用柴油考虑。

2 加油泊位宜布置在服务区岸线的端部，与其他泊位的安全距离应符合现行行业标准《河港总体设计规范》JTS 166 的有关规定。

3 储油罐、开票房应邻近加油码头布置，与服务楼等其他建筑物的安全距离和防护措施应符合现行国家标准《建筑设计防火规范》GB 50016 和《汽车加油加气站设计与施工规范》GB 50156 的有关规定。

4 储油罐、加油工艺系统、消防设施及给排水、供配电、防雷、防静电、报警系统、开票房等建筑物应符合现行国家标准《汽车加油加气站设计与施工规范》GB 50156 的有关规定。

7.4.3 加气设施应包括加气泊位、加气机、储气罐及附属设施、开票房等，并应符合现行国家标准《船舶液化天然气加注站设计标准》GB/T 51312 的有关规定。

7.4.4 岸电设施应符合现行行业标准《码头岸电设施建设技术规范》JTS 155 的有关规定。

7.4.5 其他服务设施应符合下列规定：

1 综合服务区和一般服务区应根据停泊区、服务区功能要求设置服务楼，建设规模可按表 7.4.5 选用。

表 7.4.5 服务楼的建设规模

服务区类别	综合服务区	一般服务区
建筑面积(m^2)	1 000～3 000	500～2 000

2 综合服务区应包括生产供给(加油、加气、岸电、船舶配件出售)、生活供给(超市、快递接收、加水)、水陆交通、环境保护(油污水、洗舱水和固废、生活污水的收集或处理、公厕)、应急救助等基本功能；宜包括文化、休闲、娱乐、健身、餐饮、信息化交流等提升船员生活品质的服务功能。

3 一般服务区宜包括生产供给(加油、加气、岸电、船舶配件出售)、生活供给(超市、快递接收、加水)、水陆交通、环境保护(油污水、洗舱水和固废、生活污水的收集或处理、公厕)、应急救助等基本功能。

4 服务设施应邻近停泊设施，尽量缩短步行距离。

5 服务区建筑物的设计应符合相关建筑设计规范的要求。

6 综合服务区可根据需要配置内河水上救助和船舶机械小型修理保养基地。

8 航道护岸

8.1 一般规定

8.1.1 护岸设计应遵循下列原则：

1 护岸应因地制宜，耐久、可靠、维护量小、便于维修。

2 护岸应有效抵御水流和船行波作用，保护岸坡免受冲刷。

3 护岸不应影响船舶通航安全。

4 具有防汛功能的护岸应满足防汛要求。

5 对于有条件的岸段，护岸宜考虑生态功能。

6 护岸宜与周边环境相协调。

8.1.2 护岸的安全级别应根据其重要程度，按现行行业标准《防波堤与护岸设计规范》JTS 154 的有关规定，划分为 1、2、3 三级。对于具有防汛功能的护岸，尚应符合现行国家标准《防洪标准》GB 50201、《堤防工程设计规范》GB 50286、《城市防洪工程设计规范》GB/T 50805 和现行行业标准《水工挡土墙设计规范》SL 379 的有关规定。

8.2 护岸结构

8.2.1 护岸应按持久状况、短暂状况和地震状况设计，并应符合下列规定：

1 对持久状况，结构使用期应按承载能力极限状态和正常使用极限状态设计。

2 对短暂状况，施工期和使用期临时承受某种特殊荷载时，应按承载能力极限状态设计，必要时尚应按正常使用极限状态设计。

3 对地震状况，使用期遭受地震作用时，应按承载能力极限状态设计。

8.2.2 护岸承载能力极限状态设计应考虑持久组合、短暂组合、地震组合三种作用组合，并符合下列规定：

1 持久组合应为持久状况下的永久作用与可变作用组合。对于闸控航道护岸，应采用防汛设计高水位和低水位、设计最高和最低通航水位、除涝预降水位与相应地下水位的不利组合。对于开敞航道护岸，应采用防汛设计高水位和低水位、设计最高和最低通航水位、历史最高和最低水位等与相应地下水位的不利组合。

2 短暂组合应为短暂状态下的永久作用与可变作用组合。使用期应采用设计最高通航水位、设计最低通航水位与相应地下水位的不利水位组合。施工期应考虑施工期暴雨组合。当采用围堰和降水等施工措施时，施工期尚应考虑围堰内外水位差等不利组合。当短暂组合稳定性不满足要求时，应首先考虑从施工上采取措施。

3 地震组合中的地震作用、计算水位应按现行行业标准《水运工程抗震设计规范》JTS 146 中的有关规定执行。

8.2.3 护岸结构型式应根据航道护岸断面型式、航道沿线岸坡挡土高度、工程地质等自然条件、施工场地等施工条件、邻近建筑物和设施等环境条件，以及防汛、生态、环境协调等要求，本着技术可靠、经济合理的原则，经论证确定，并遵循下列原则：

1 当航道沿线建设条件存在差异时，航道沿线应采用不同的护岸结构型式。

2 当航道护岸断面型式为斜坡式时，在船行波作用范围内宜采用干砌块石、浆砌块石、灌砌块石等抵抗船行波冲刷的护坡结构。

3 当航道护岸断面型式为复合式时，宜采用L型混凝土挡土墙结构或扶壁式结构等重力式结构。当地基承载力不足时，宜增设桩基或进行地基处理。当船行波作用深度低于挡土墙前趾时，尚应在挡土墙外侧增设防护结构。

4 当航道护岸断面型式为直立式时，宜采用前板桩高桩承台结构。挡土高度较大或周边环境不允许采用挤土桩时，前排宜采用钢板桩；挡土防渗桩及灌注桩效果确有保证时，前排可采用灌注桩。具备施工围堰和大开挖施工条件时，经技术经济比较，可采用低桩承台结构。陆域宽度满足锚碇需要时，可采用锚碇板桩结构。

8.2.4 斜坡式结构、重力式结构护岸的尺度及构造要求，应按现行行业标准《防波堤与护岸设计规范》JTS 154 执行，兼作水利堤防的，尚应符合现行行业标准《水工挡土墙设计规范》SL 379 的规定。

8.2.5 锚碇板桩结构、前板桩高桩承台结构、灌注桩高桩承台结构护岸的尺度及构造要求，应按现行行业标准《码头结构设计规范》JTS 167 和现行上海市工程建设规范《地基基础设计标准》DGJ 08—11 的有关规定执行。

8.2.6 生态护岸结构应以满足护岸基本功能为前提，并应遵循下列原则：

1 结构及构造设计应适应内河通航环境条件，具有可实施性，并满足通航安全及航运管理的相关要求。

2 宜在试验研究的基础上，使用效果好、质量及技术可靠的“软质”材料。

3 宜根据环境、景观、生物多样性、养护等要求，结合土壤、气候、水文条件和植物适应性等因素，从自然恢复和人工种植两方面综合研究选择植物。

8.2.7 斜坡式结构护岸应按现行行业标准《防波堤与护岸设计规范》JTS 154 的规定计算或验算护面结构的稳定重量或厚度、护面结构的强度、护底结构的强度及稳定重量、岸坡的整体稳定性、地基沉降等。

8.2.8 重力式结构护岸应按现行行业标准《防波堤与护岸设计规范》JTS 154 的规定计算或验算抗滑稳定性、抗倾稳定性、基床和地基承载力、整体稳定性、构件内力及强度、构件的裂缝宽度、地基沉降等。

8.2.9 对于设有桩基的重力式结构护岸，宜按桩土共同作用原理进行受力计算和分析。

8.2.10 前板桩高桩承台结构、灌注桩高桩承台结构护岸应计算或验算前排板桩内力及桩长、后排独立桩内力及桩长、承台内力、挡墙内力、承台及挡墙墙顶位移，有条件时可按结构内力及变形协调考虑，采用有限元分析计算。

8.2.11 当护岸邻近已有建筑物和设施时，护岸设计应考虑护岸建成投入运行后对周边已有建筑物和设施的影响，不应影响其结构安全，并符合下列规定：

1 护岸结构计算时，应考虑周边已有建筑物和设施的荷载作用。

2 当周边环境有明确的变形控制标准时，应采用相关方法预估护岸建成后对周边环境的影响，并确定周边环境允许的护岸变形控制指标；当周边环境没有明确的变形控制标准时，可根据护岸前沿线与后方已有建筑物和设施之间的净距与挡土高度的关系，按表 8.2.11 确定周边环境允许的护岸变形控制指标。

表 8.2.11 周边环境允许的护岸变形控制指标

护岸前沿线与后方已有建筑物和设施之间的净距	护岸墙顶位移累计允许值
>2 倍挡土高度、≤4 倍挡土高度	挡土高度的 0.7%
>1 倍挡土高度、≤2 倍挡土高度	挡土高度的 0.3%
≤1 倍挡土高度	挡土高度的 0.18%

注：挡土高度指地面与墙前泥面的高差。

8.2.12 当护岸邻近已有建筑物和设施时，护岸设计应考虑护岸施工对周边已有建筑物和设施的影响，包括沉桩挤土、震动以及基槽开挖的影响，不应影响周边已有建筑物和设施的结构安全，并应符合下列规定：

1 当护岸桩基中心间距大于等于 3 倍桩径且桩径小于等于 300 mm、桩基与周边已有建筑物和设施的距离大于等于 0.5 倍桩基入土深度时，在采用静压法的前提下，可采用挤土桩。

2 当护岸桩基中心间距小于 3 倍桩径或桩径大于 300 mm 时，应根据周边已有建筑物、设施的敏感性和相对距离采用不同的桩型和沉桩方法，并应符合表 8.2.12 的规定。

表 8.2.12 桩基中心间距小于 3 倍桩径或桩径大于 300 mm 时桩型选择

桩基与周边已有建筑物和设施的距离	周边已有一般建筑物和设施	周边已有敏感建筑物和设施
<0.75 *L*	宜采用灌注桩、钢板桩等非挤土桩，不宜采用挤土桩和部分挤土桩	
≥0.75 *L*、<1.5 *L*	在采用静压法的前提下，可采用挤土桩和部分挤土桩，但应按现行上海市工程建设规范《地基基础设计标准》DGJ 08—11 的规定进行沉桩监测，必要时采取预钻孔等措施减小沉桩挤土影响	采用挤土桩应论证研究对周边已有建筑物和设施的影响，在采用静压法的前提下，可采取预钻孔等措施减小沉桩挤土影响，并按现行上海市工程建设规范《地基基础设计标准》DGJ 08—11 的规定进行沉桩监测
≥1.5 *L*	可采用挤土桩	

注：1 *L* 为桩基入土深度，指地面到桩尖的垂直距离。
2 敏感建筑物和设施指有精密仪器与设备的厂房、采用天然地基或短桩基础的重要建筑物、住宅等，轨道交通设施、优秀历史建筑、重要管线应遵照政府有关文件和规定执行；其余为一般建筑物和设施。

3 邻近居民区不应采用锤击法施工。

4 基槽开挖、上部结构施工期间应采取必要的支护措施。当基槽开挖底边线与周边已有一般建筑物和设施之间的净距大于等于 3 倍基槽开挖深度且基槽开挖深度小于等于 4 m 时，或基槽开挖底边线与周边已有敏感建筑物和设施之间的净距大于等于4倍基槽开挖深度且基槽开挖深度小于等于4 m时，可采用放坡开挖方式施工。放坡开挖暴露时间不宜超过1个月。开挖边坡应根据地质条件、开挖深度、坡顶交通荷载及堆载、雨水排水条件，通过边坡稳定计算确定，淤泥质土层的开挖边坡坡度不宜陡于1∶2，黏性土层的开挖边坡坡度不宜陡于1∶1.5。遇沙性土、粉性土，应采取合理的降水措施。施工期间边坡的整体稳定、渗透稳定、开挖及降水对周边建筑物和设施的影响等应符合相关规范要求，防止滑坡、流沙、管涌等危害周边已有建筑物和设施。

5 在护岸施工前，应对符合表8.2.12情形的周边已有建筑物和设施、与基槽开挖底边线之间的净距小于等于3倍基槽开挖深度的周边已有一般建筑物和设施，以及与基槽开挖底边线之间的净距小于等于4倍基槽开挖深度的周边已有敏感建筑物和设施的基本情况、现状和裂缝开展情况等进行调查、测量，并建立初始记录；在护岸施工期间和完工后一段时间内应进行监测。

8.2.13 护岸墙后基槽回填设计应根据护岸结构尺度及对护岸整体稳定、渗透稳定、结构内力和变形的控制要求，结合回填土料来源、回填作业条件、绿化种植需要等因素，对回填土料、干密度、回填时机、排水要求、回填方法、施工顺序、回填速率和变形观测等提出要求，并应符合下列规定：

1 绿化种植深度范围内的回填土料可采用粉质黏土或黏土；有条件时，可采用耕植土或有机质土。

2 绿化种植深度范围以下的回填土料可采用粉质黏土、黏土、粉性土，不宜采用淤泥质土；当渗透稳定允许时，也可采用老结构拆除废骨料。压实前土料的含水率宜控制在最优含水率左右。如含水率偏高，可采用翻晒、掺加石灰粉等措施；如含水率偏低，可采用预先洒水湿润等措施。

3 护岸墙后基槽回填宜在挡墙强度达到70%后进行。

4 护岸墙后基槽回填前应排除基槽范围内的积水，清除浸泡、扰动或边坡坍塌形成的松软土；回填过程中应做好排水工作。

5 绿化种植深度范围以下的护岸墙后基槽回填应遵循在水平方向分层回填、分层压实、回填一层、压实一层、取样一层的原则，下一层回填土取样合格后方可进行上一层回填，回填时压实应同步跟上，否则不应回填；每层压实区域应相互搭接，防止漏压。严禁由基槽边坡向挡墙方向平推式回填。当护岸墙高较大时，应对回填速率提出控制要求。

6 绿化种植深度范围以下的护岸墙后基槽回填土宜采用夯土机等小型机械压实，不应采用挖掘机斗压的方法压实；当护岸结构承载力和整体稳定允许时，也可采用压路机碾压、推土机推压、挖掘机碾压等方法压实。

7 雨天不应回填。

8 严禁护岸墙后基槽回填与墙前疏浚同时进行。

9 护岸墙后基槽回填过程中，应对护岸挡墙进行沉降、位移等变形观测；必要时，开展护岸深层位移、挡墙内力和整体稳定原型观测。

8.2.14 直立式护岸迎水面宜设置救生设施，如救生环、救生梯等，设置间距不宜大于50 m。

8.3 船行波对护岸的影响及措施

8.3.1 设计船行波波要素和波浪爬高的确定应符合下列规定：

1 设计船行波的波高、波周期、波长等波要素和波浪爬高应根据代表船型、设计最高航速、航道断面尺度、护岸结构尺度研究确定，可按本标准附录C估算。确定设计船行波时的设计最高航速应符合本标准第3.3.5条的规定，且不应小于表8.3.1所列数值。

表 8.3.1 船行波计算设计航速

航道位置	船行波计算设计航速		
	Ⅱ～Ⅲ级航道	Ⅳ～Ⅴ级航道	Ⅵ～Ⅶ级航道
任何航段	15 km/h	13 km/h	10 km/h

2 对于设计航速较大航道的护岸、特别重要的护岸以及尚未经过工程实践检验的新型生态护岸，宜在本标准第 8.3.1 条第 1 款计算的基础上，通过正态物理模型试验验证确定设计船行波波要素、波浪爬高以及各特征点的越浪量、波压力。

8.3.2 护岸结构应能适应设计船行波的作用，确保其自身在设计船行波作用下安全，兼顾生态和景观的要求，并应符合下列规定：

1 护岸结构顶高程，不应低于设计最高通航水位以上 0.1 m～0.5 m；当需要兼顾生态和景观要求时，不应低于常水位(高值)或高潮累计频率 10%的潮位以上 0.1 m～0.5 m，且在护岸前沿后方1.0 m 范围内应设置能明确引导船舶航行的警示设施，警示设施顶高程不应低于设计最高通航水位以上 0.1 m～0.5 m。

2 护岸的防护结构顶高程不应低于下列三者之高值：

1) 设计最高通航水位以上设计船行波爬高；

2) 设计最高通航水位以上 1 倍设计船行波波峰值；

3) 设计最高通航水位以上 0.5 m。

3 护岸的防护结构底高程应根据设计船行波作用深度、土坡的抗冲性能和防护结构型式确定。刚性防护结构的底高程不应高于设计最低通航水位以下 3 倍设计船行波波谷值，且不应高于设计最低通航水位以下 0.5 m。柔性防护结构的底高程不应高于设计最低通航水位以下 0.5 m，其宽度应根据最大允许冲刷底高程和最大允许冲刷坡度计算确定，最大允许冲刷底高程不应高于设计最低通航水位以下 3 倍设计船行波波高，最大允许冲刷坡度根据土质条件可取 1∶3～1∶5。

4 护岸的防护结构应充分考虑设计使用年限内设计船行波的长期冲刷作用。

5 船行波作用明显的生态护岸宜设置消浪或挡浪设施。

9 航道疏浚、开挖

9.1 一般规定

9.1.1 航道疏浚、开挖设计应满足节能环保、资源集约利用和安全要求。

9.1.2 航道疏浚、开挖设计应取得下列基础资料：

1 水深测量和地形测量资料。

2 疏浚岩土勘察资料。

3 水文气象资料。

4 相关法规、规划、环保、防汛及引水灌溉等要求。

9.1.3 航道疏浚水深测量应符合下列规定：

1 当航道水域断面形态沿航道纵向较为单一时，宜采用断面测量。工程可行性研究阶段测量断面间距宜采用 200 m，初步设计阶段测量断面间距宜采用 100 m，施工图设计阶段测量断面间距宜采用 50 m，断面测点间距不宜大于 2 m。

2 当航道水域断面形态沿航道纵向复杂多变时，应采用水下地形测量，具体按现行行业标准《水运工程测量规范》JTS 131 执行。

9.1.4 航道开挖陆域地形测量应按现行行业标准《水运工程测量规范》JTS 131 执行。

9.1.5 航道疏浚、开挖工程地质勘察应按现行行业标准《水运工程岩土勘察规范》JTS 133 执行。

9.2 疏浚、开挖边坡及工程量

9.2.1 航道边坡应根据土质、河道水动力条件、疏浚开挖工艺及设备，结合护岸结构安全和航道断面系数要求，综合分析确定。位于船行波作用范围的，尚应考虑船行波对航道稳定坡度的影响。当缺乏资料时，航道边坡应符合现行行业标准《疏浚与吹填工程设计规范》JTS 181—5 的有关规定。

9.2.2 基建性疏浚、开挖工程的设计工程量应包括设计断面工程量、计算超深和计算超宽工程量、施工期回淤工程量。设计断面工程量、计算超深和计算超宽工程量计算断面示意如图 9.2.2 所示。施工期回淤工程量应根据回淤强度和施工工期，经研究确定。

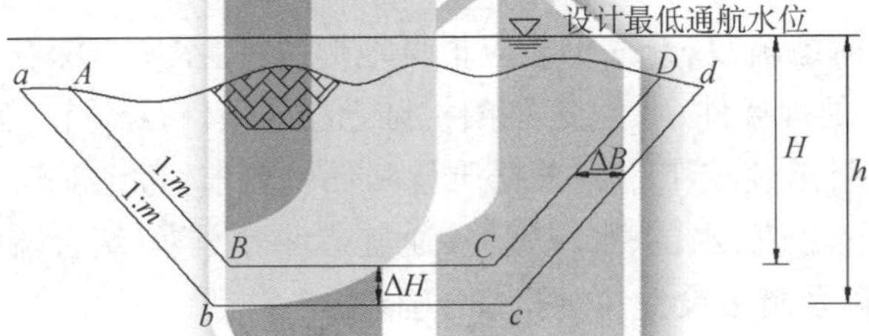

ABCD —设计断面；*abcd* —工程量计算断面；ΔB —计算超宽；ΔH —计算超深；1∶*m* —设计坡比；*H* —航道水深；*h* —计算深度

图 9.2.2 疏浚工程量计算断面示意图

9.2.3 计算超深、计算超宽尺度应根据航道条件、施工工艺、施工设备及航道边坡等因素分析确定。当缺乏资料时，可按表 9.2.3 选用。

表 9.2.3 计算超深、超宽值

内容	绞吸(m^3/h)		抓斗(斗容 m^3)		铲斗(斗容 m^3)		干地开挖
	40～80	200～400	1	2	0.25	0.75	
计算超深(m)	0.2	0.3	0.2	0.3	0.2	0.3	0.2

续表9.2.3

内容	绞吸(m^3/h)		抓斗(斗容 m^3)		铲斗(斗容 m^3)		干地开挖
	40～80	200～400	1	2	0.25	0.75	
计算超宽(m)	0.2×边坡系数	0.3×边坡系数	0.2×边坡系数	0.3×边坡系数	0.2×边坡系数	0.3×边坡系数	0.2×边坡系数

注:以上数据适用于综合利用的渠道、运河;对于天然河流航道,计算超深宜增加0.1 m,计算超宽宜增加0.1×边坡系数。

9.2.4 航道疏浚、开挖的允许超深、允许超宽不应影响护岸、码头及其他临河、过河建筑物的安全,不宜超过计算超深、计算超宽的2倍。

9.3 疏浚、开挖工艺

9.3.1 航道疏浚、开挖工艺应根据地形条件、水域水深及宽度条件、泥土处理条件、水上交通条件、陆上交通条件,经论证确定。

9.3.2 航道疏浚工艺应根据质量和环境要求,考虑航道水下地形、土质、水流、水位、水域宽度、通航条件等因素,结合疏浚土处理方式以及疏浚设备性能等综合确定。

9.3.3 当场地条件允许并经验算能保证边坡稳定时,可采用放坡开挖方式。放坡开挖应符合现行上海市工程建设规范《基坑工程技术标准》DG/TJ 08—61 及下列规定:

1 放坡开挖的厚度不应超过 7.0 m;当开挖厚度超过 4.0 m时,应多级放坡。

2 开挖边坡应根据土质、地下水位、开挖深度和坡顶荷载等因素确定,淤泥质土层的开挖边坡不宜陡于 1∶2,其他土层的开挖边坡不宜陡于 1∶1.5;多级开挖的坡间平台宽度不应小于1.5 m。

3 应对施工的安全性和措施进行详细的研究和设计,并充分考虑暴雨、渗流、卸土、堆土的不利影响。当开挖底边线与周边已有建筑物和设施的净距小于等于4倍开挖深度且开挖坡面暴露时间较长时，应对开挖坡面采取合理有效的防护措施。遇沙性土、粉性土，应采取合理的降水措施。施工期间边坡的整体稳定、渗透稳定、开挖及降水对周边已有建筑物和设施的影响等应符合相关规范要求，防止滑坡、流沙、管涌等危害周边已有建筑物和设施。

9.4 疏浚、开挖土管理

9.4.1 疏浚、开挖土管理方式应根据土的物理特性、化学特性、生物适宜性、利用处置与管理条件等因素，经技术经济比较后确定。对于无污染土料，宜用于回填、还田、绿化种植等，当不具备利用条件时，可采用外抛至指定抛泥区、在泥土处理区临时堆放等处置方式；对于污染疏浚、开挖土，应采取处理方式。

9.4.2 泥土处理区应控制与航道、河道、周边已有建筑物和设施的安全距离，并控制堆土高度。

10 助航与航道信息化设施

10.1 一般规定

10.1.1 助航设施和内河航道信息化设施应满足设计水平年内航道运行需要。

10.1.2 助航方式应根据航道条件，结合船舶装备和技术的发展，合理选择。内河助航标志与交通安全标志、桥梁警示标志应相辅相成，互为补充。

10.1.3 助航与航道信息化设施应与航道整治工程同步建设。

10.2 助航设施

10.2.1 内河航道交通安全标志的设置应符合现行国家标准《内河交通安全标志》GB 13851的有关规定。

10.2.2 在航道入口、交汇口、弯道等重要位置，应按现行国家标准《内河助航标志》GB 5863设置内河助航标志。

10.2.3 对于跨内河航道的桥梁，应按现行行业标准《内河通航水域桥梁警示标志》JT 376设置桥梁警示标志。

10.2.4 在对船舶航行安全有影响的水域、建筑物和设施附近，必须设置警示标志。有夜航要求时，应按有关规定设置发光信号。

10.2.5 内河航道的有关信息宜在内河助航标志上标示、在电子显示牌上滚动显示或通过管理信息系统发布。

10.3 航道信息化设施

10.3.1 内河航道信息化设施宜包括传输设施、视频采集设施、AIS基站、VHF基站、雷达基站、信息汇聚处理设施和室外信息显示设施等，并应结合智慧航道规划布置必要的信息化设施。

10.3.2 内河航道信息化设施应符合现行上海市工程建设规范《内河航道信息化设施设置标准》DG/TJ 08—2094的相关要求。

11 管理设施

11.1 一般规定

11.1.1 航道沿线应设置管理站点,其设施功能和建设规模应能满足设计水平年内船舶航行管理以及维护观测、航标维护、航道维护、整治建筑物维护等需要。

11.1.2 管理站点宜邻近或结合服务区、停泊区布置。

11.1.3 建筑物造型应符合规划部门和行业管理部门的有关规定,建筑物色度应符合行业管理部门的有关规定。

11.1.4 建筑、防火、室内环境、建筑设备设计等应满足相关现行标准和规定的要求。

11.2 管理站点

11.2.1 管理站点等级划分、选址与布置、建筑标准、装备配置应根据所辖水域管理工作量按照行业管理部门的有关规定确定。其建设规模可按表 11.2.1 确定。

表 11.2.1 管理站点等级划分及建设规模

管理站点等级	一类	二类	三类	执法点
建筑面积(m^2)	400～600	200～300	100～200	75～100

11.2.2 管理站点应配置疏航艇、巡逻艇、巡逻车、工作车辆、工作船码头或趸船以及相应的码头设施,可根据需要配置多功能救助船、应急处置船。

12 过河、临河建筑物

12.1 一般规定

12.1.1 过河建筑物的过河方式和选址应根据过河建筑物的功能要求、建设条件、所在航段的航道条件、过河建筑物对通航的影响程度、造价等因素，通过技术经济比较确定。在通航环境复杂的航段建设过河建筑物，宜采用水下过河的方式。

12.1.2 桥梁、隧道、管线的建设不应影响航道按规划实施。桥梁、隧道等过河建筑物红线和保护范围内的航道护岸应按规划同步设计、同步建设，并满足航运要求；管线保护范围内的航道护岸宜按规划同步设计、同步建设。

12.2 水上过河建筑物

12.2.1 水上过河建筑物选址应符合下列要求：

1 水上过河建筑物应建在河床稳定、航道水深充裕和水流条件良好的平顺河段，远离河床易变的航段。

特殊困难和复杂河段水上过河建筑物的选址应通过船舶操纵物理模拟试验研究确定。船舶操纵物理模拟试验应与航道平面及断面尺度、桥墩布置及尺度、设计通航水位、水流流速流向、代表船型、设计航速等条件相似。

2 水上过河建筑物选址应避开通行控制航段、弯道、航道交汇口，其避开距离，开敞航道不应小于航道代表船型顶推船队的3倍或货船长度的4倍，闸控航道不应小于航道代表船型顶推船队的2倍或货船长度的3倍。

3 水上过河建筑物选址应避开规划和现状港区、装卸码头、停泊区码头和锚地，其避开距离，开敞航道不应小于规划和现状港区、码头设计船型顶推船队长度的3倍或货船长度的4倍，闸控航道不应小于规划和现状港区、码头设计船型顶推船队长度的2倍或货船长度的3倍。

4 两座相邻水上过河建筑物的轴线间距，Ⅱ～Ⅴ级航道应大于代表船队长度与代表船队下行5 min航程之和，Ⅵ～Ⅶ级航道应大于代表船队长度与代表船队下行3 min航程之和。

对于闸控航道，当相邻两座水中设墩的水上过河建筑物同时满足通航孔相互对应、水流平稳、水中墩柱纵轴线与航道中心线平行的条件时，两过河建筑物轴线间距可不受限。

当两座相邻水上过河建筑物的轴线间距不能满足要求，且所处通航水域无碍航水流时，应靠近布置，两座过河建筑物间边缘距离宜控制在50 m以内，且通航孔应相互对应。靠近布置的水上过河建筑物的数量不宜超过2座；在两座靠近布置的水上过河建筑物近侧建设第3座水上过河建筑物时，其通航孔应加大并对应布置。

5 当不能满足以上第1～4款要求时，限制性航道上的水上过河建筑物应一跨过河，非限制性航道上的水上过河建筑物应一孔跨过通航水域。

6 处于弯道及其附近、航道交汇口及其附近的水上过河建筑物应采用在凸岸设置透空式边跨等措施，以满足航道通视要求。

7 在装卸码头、停泊区和锚地附近兴建水上过河建筑物，对船舶通航安全和作业安全构成威胁时，应对装卸码头、停泊区码头和锚地等设施作出妥善处理。

12.2.2 水上过河建筑物布置应符合下列要求：

1 水上过河建筑物的布置不应影响和限制航道的通过能

力。除整治特别困难的局部航段和另有规定外，通航孔的布置应满足水上过河建筑物所在航段双向通航的要求。对于规划为多线通航的航段，通航孔的布置则应满足多线通航的要求。

2 限制性航道上的水上过河建筑物宜一跨过河。对航道顺直、水流平稳、河床稳定、通航条件较好的航段，经充分论证可采取水中设墩的布置方式，但水中墩柱纵轴线应与航道中心线平行，通航孔水中墩柱之间扣除紊流宽度以后的有效通航净宽 B_m 应符合本标准表 12.2.4 的规定，且通航孔应为矩形断面。

3 水中设墩柱的水上过河建筑物轴线的法线方向与水流流向的交角不宜超过 5°。

4 水上过河建筑物墩柱可结合护岸布置，但不应影响船舶通航安全。水中墩柱纵轴线宜与水流流向平行，不应影响通航，不应造成危害船舶航行的不良水流。

5 位于水中的墩柱，其自身应满足相关防撞要求，否则应设置防撞设施。位于水中的承台顶高程应高于设计最高通航水位以上 20 cm，且底高程不应高于设计最低通航水位。

6 位于水中的墩柱，承台顶面埋于泥面以下时，对于Ⅱ～Ⅴ级航道埋深不应小于 2 m，Ⅵ～Ⅶ级航道埋深不应小于 1 m，并应考虑冲刷影响因素。埋深起算基准面，应以航道规划设计泥面线(底宽、底高程按规划或按规范计算确定，若有边坡以 1∶5 计)为准，且承台顶面不应高于现状泥面高程及河道规划底高程。

7 对于一跨过河的水上过河建筑物，若其上下游一定范围内(开敞航道为码头设计船型顶推船队长度的 3 倍或货船长度的 4 倍，闸控航道为码头设计船型顶推船队长度的 2 倍或货船长度的 3 倍)存在或规划有作业码头、停泊区，则码头或停泊区对应岸侧规划护岸前沿线上方也应满足航道规划等级对应的净高要求。

12.2.3 非限制性航道上的水上过河建筑物净空尺度应符合下列规定：

1 水上过河建筑物通航净空尺度应根据航道远期规划等级

确定。

2 Ⅱ～Ⅳ级航道的水上过河建筑物通航净空应采用矩形，Ⅴ～Ⅶ级航道的水上过河建筑物通航净空宜采用矩形,也可采用梯形。

3 通航净宽应按本标准附录D计算。通航净空尺度不应小于表12.2.3-1所列数值。矩形通航孔、梯形通航孔断面分别见图12.2.3-1和图12.2.3-2。

表12.2.3-1 非限制性航道水上过河建筑物通航净空尺度(m)

航道等级	通航净高 H_m	双向通航孔				
		通航净宽 B_m		上底宽 b		侧高 h
		开敞航道	闸控航道	开敞航道	闸控航道	
Ⅱ	7.0	通航净宽 B_m 计算值,且≥130	通航净宽 B_m 计算值,且≥97	—	—	—
Ⅲ	7.0	通航净宽 B_m 计算值,且≥101	通航净宽 B_m 计算值,且≥76	—	—	—
Ⅳ	7.0	通航净宽 B_m 计算值,且≥85	通航净宽 B_m 计算值,且≥68	—	—	—
Ⅴ	5.0	通航净宽 B_m 计算值,且≥67	通航净宽 B_m 计算值,且≥57	通航净宽 B_m 计算值−8,且≥59	通航净宽 B_m 计算值−8,且≥49	3.5
Ⅵ	4.5	通航净宽 B_m 计算值,且≥40	通航净宽 B_m 计算值,且≥40	通航净宽 B_m 计算值−7,且≥33	通航净宽 B_m 计算值−7,且≥33	3.4
Ⅶ	3.5	通航净宽 B_m 计算值,且≥32	通航净宽 B_m 计算值,且≥30	通航净宽 B_m 计算值−5,且≥27	通航净宽 B_m 计算值−5,且≥25	2.8

注:1 天然河流航道水上过河建筑物通航净宽尚应符合现行国家标准《内河通航标准》GB 50139的有关规定。

2 通航净高、侧高不包括水上过河建筑物自重引起的工后沉降和地面的整体沉降。

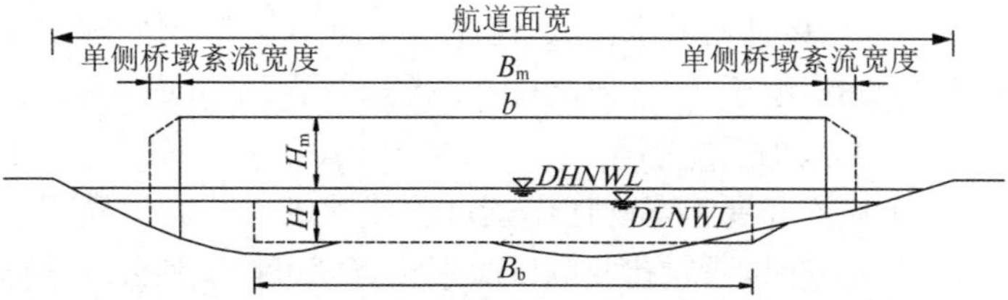

图 12.2.3-1　非限制性航道通航净空和航道断面示意图(矩形通航孔)

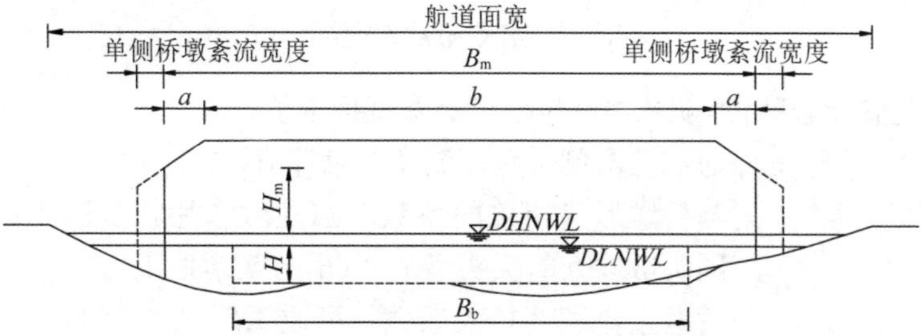

B_m —水上过河建筑物通航净宽；H_m —水上过河建筑物通航净高；
b —上底宽；a —斜边水平距离；h —侧高；
$DHNWL$ —设计最高通航水位；$DLNWL$ —设计最低通航水位；
B_b —航道底宽；H —航道水深；

图 12.2.3-2　非限制性航道通航净空和航道断面示意图(梯形通航孔)

4　水上过河建筑物在水中设有桥墩时,通航孔两侧桥墩净距应在通航净宽的基础上增加桥墩紊流宽度,并应符合下列规定：

1）桥墩紊流宽度宜通过正态物理模型试验或三维水流数学模型计算确定,且通航孔两侧桥墩紊流宽度不应小于式(12.2.3-2)计算值 E_1 的 0.75 倍,水位应按设计最高通航水位。对于开敞航道,墩前水流流速应取与设计最高通航水位相同重现期的水流流速,无实测资料时取值不应小于 2.0 m/s；对于闸控航道,墩前水流流速应取最大引排水流量时的水流流速,无实测资料时宜取水务部门控制的河道流速,且不应小于 0.8 m/s。正态物理模型试验应满足航道平面及断面尺度、桥墩布置及尺度、设计通航水位、水流流速流向等条件相似，模型比尺不应小于1∶150，当桥墩宽度小于15 m时，模型比尺不宜小于1∶75。

2）当不开展正态物理模型试验或三维水流数学模型计算研究时，通航孔两侧桥墩紊流宽度可按下列公式计算：

$$E_2 = K_2 E_1 \tag{12.2.3-1}$$

$$E_1 = 0.88 K_1 v^{0.75} b^{0.56} h^{0.44} \tag{12.2.3-2}$$

式中：E_1——通航孔两侧桥墩紊流宽度标准值（m）。

E_2——通航孔两侧桥墩紊流宽度设计值（m）。

K_1——与桥墩形状相关的系数。圆柱墩和片状墩取1.0，圆头墩取0.8，尖头墩取0.66，方头墩取1.2。

K_2——桥墩紊流宽度扩大系数。可取1.2～2.0，条件简单时取低值，条件复杂时取高值。

v——墩前水流流速（m/s）。对于开敞航道，应取与设计最高通航水位相同重现期的水流流速，且不应小于2.0 m/s；对于闸控航道，应取最大引排水流量时的水流流速。无实测资料时，宜取水务部门控制的河道流速，且不应小于0.8 m/s。当河道断面上墩柱总宽度占河道过水宽度的比例超过5%时，墩前水流流速尚应按河道过水宽度与河道剩余过水宽度之比调整。

b——桥墩投影到航道中心线法线方向的宽度（m）。对于圆柱墩和片状墩，b即为墩宽；对于圆头墩、尖头墩，b=（墩长－墩宽）$\sin\alpha$＋墩宽；对于方头墩，b=（墩长$\sin\alpha$＋墩宽$\cos\alpha$）；α为墩柱轴线与水流夹角。

h——桥墩附近水深（m），从设计最高通航水位起算。

5　当单孔双向通航净宽、上底宽超过航道规划面宽时，水上过河建筑物的通航净宽可按航道规划面宽取值。

6　危险品管线桥的通航净高应在本条第 3 款规定的基础上增加 1.0 m，且应一跨过河，护岸前沿线之间通航净空应为矩形。铁路桥、城市轨道交通桥、结构独立的人行桥及非机动车桥、一般管线（桥）的通航净高及侧高应在本条第 3 款规定的基础上增加 0.5 m。

7　桥梁墩柱纵轴线若与航道中心线存在夹角，顺桥向轴线方向上的通航净宽计算时，尚应考虑桥宽的影响，可按式（12.2.3-3）计算，计算图示见图 12.2.3-3。

$$B_1 = \frac{B_m}{\cos\alpha} + b_0 \tan\alpha \qquad (12.2.3\text{-}3)$$

式中：B_1——顺桥向轴线方向上的通航净宽（m）；

B_m——水上过河建筑物通航净宽（m）；

b_0——梁底宽度（m）；

α——桥梁斜交角度。

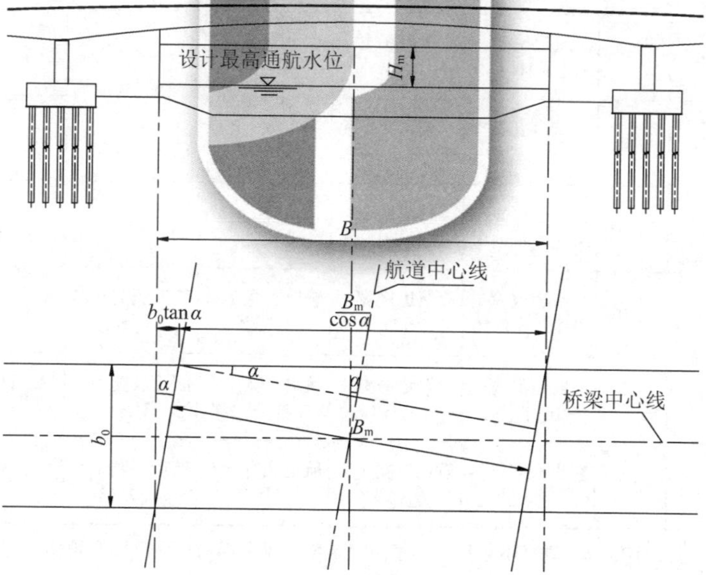

图 12.2.3-3　桥梁墩柱纵轴线与航道中心线存在夹角时计算通航净宽示意图

12.2.4 限制性航道上的水上过河建筑物净空尺度应符合下列规定：

1 水上过河建筑物通航净高应根据航道远期规划等级确定。

2 Ⅱ～Ⅳ级航道的水上过河建筑物和Ⅴ～Ⅶ级航道水中设墩的水上过河建筑物通航净空应为矩形；Ⅴ～Ⅶ级航道一跨过河的水上过河建筑物通航净空宜采用矩形，也可采用梯形。

3 通航净宽、上底宽、通航净高、侧高应按表 12.2.4 确定。水中设墩矩形通航孔、一跨过河矩形通航孔、一跨过河梯形通航孔断面分别见图 12.2.4-1～图 12.2.4-3。

表 12.2.4 限制性航道水上过河建筑物通航净空尺度(m)

航道等级	通航净高 H_m	双向通航孔				
		通航净宽 B_m		上底宽 b		侧高 h
		开敞航道	闸控航道	开敞航道	闸控航道	
Ⅱ	7.0	航道底宽+10，且≥85	航道底宽+10，且≥70	—	—	—
Ⅲ	7.0	航道底宽+15，且≥75	航道底宽+15，且≥65	—	—	—
Ⅳ	7.0	航道底宽+15，且≥65	航道底宽+15，且≥57	—	—	—
Ⅴ	5.0	航道底宽+10，且≥55	航道底宽+10，且≥50	航道底宽+2，且≥47	航道底宽+2，且≥42	3.5
Ⅵ	4.5	航道底宽+10，且≥40	航道底宽+10，且≥30	航道底宽+2，且≥32	航道底宽+2，且≥22	3.4
Ⅶ	3.5	航道底宽+9，且≥33	航道底宽+9，且≥25	航道底宽+2，且≥26	航道底宽+2，且≥18	2.8

注：通航净高、侧高不包括水上过河建筑物自重引起的工后沉降和地面的整体沉降。

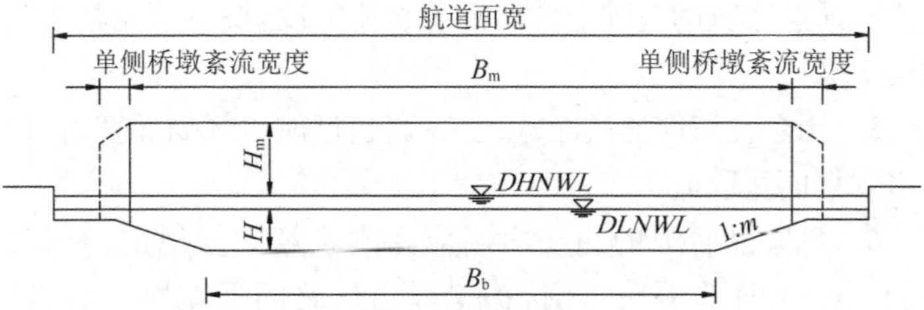

m —航道边坡系数

图 12.2.4-1　限制性航道通航净空和航道断面示意图（水中设墩、矩形通航孔）

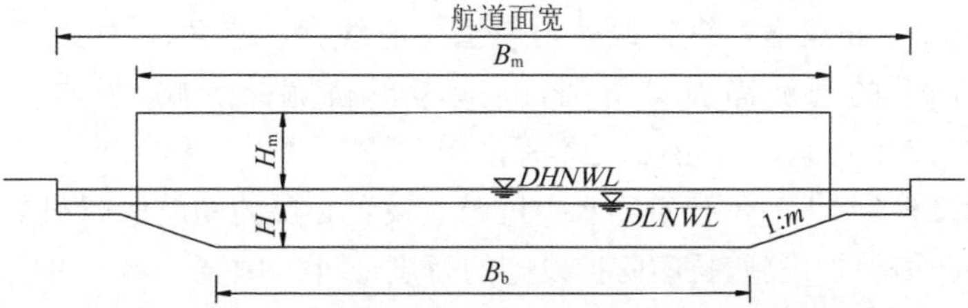

图 12.2.4-2　限制性航道通航净空和航道断面示意图（一跨过河、矩形通航孔）

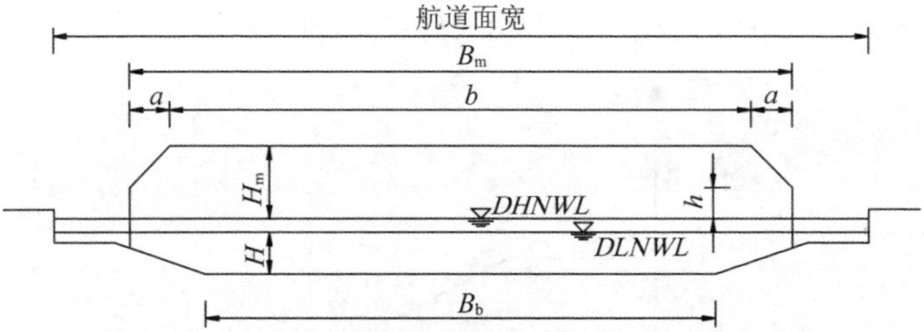

图 12.2.4-3　限制性航道通航净空和航道断面示意图（一跨过河、梯形通航孔）

4 水上过河建筑物在水中设有桥墩时，通航孔两侧桥墩净距应在通航净宽的基础上增加桥墩紊流宽度，桥墩紊流宽度计算同第12.2.3条第4款。

5 当单孔双向通航净宽、上底宽超过航道规划面宽时，可按航道规划面宽取值。

6 危险品管线的通航净高应在本条第3款规定的基础上增加1.0 m，且应一跨过河，护岸前沿线之间通航净空为矩形。铁路桥、城市轨道交通桥、结构独立的人行桥及非机动车桥、一般管线（桥）的通航净高及侧高应在本条第3款规定的基础上增加0.5 m。

7 桥梁墩柱纵轴线若与航道中心线存在夹角，顺桥向轴线方向上的通航净宽计算时，尚应考虑桥宽的影响，见本标准式(12.2.3-3)，计算图示见本标准图12.2.3-3。

12.2.5 水上过河建筑物水中桥墩应设置必要的助航标志和必要的防撞保护设施，桥墩防护设施的宽度应计入墩宽。水上过河建筑物水中桥墩应能承受该航道代表船型在满载、防撞设计航速情况下的撞击作用。防撞设计航速宜根据桥区水域的实测数据或可靠的模拟试验数据确定。当不具备分析条件时，船舶撞击速度可按图12.2.5-1速度曲线采用式(12.2.5-1)计算。

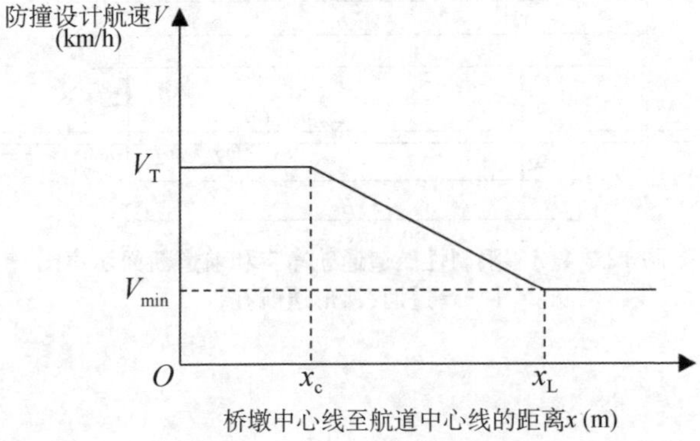

图 12.2.5-1 船舶撞击速度曲线

$$V=\begin{cases}V_T & x\leqslant x_c\\ \dfrac{x_L V_T-x_c V_{min}-x(V_T-V_{min})}{x_L-x_c} & x_c<x\leqslant x_L\\ V_{min} & x>x_L\end{cases}\qquad(12.2.5\text{-}1)$$

式中：V ——防撞设计航速(km/h)；

V_T ——船舶在航道内的正常行驶速度(km/h)，如无资料，取值参见表 12.2.5-1；

V_{min} ——船舶在航道内的最小行驶速度(km/h)；

x ——桥墩中心线至航道中心线的距离(m)；

x_c ——航道中心线至航道边缘的距离(m)；

x_L ——航道中心线至 3 倍船长处的距离(m)。

表 12.2.5-1　船舶正常行驶速度表

航道位置	航速	
	Ⅱ～Ⅴ级航道	Ⅵ～Ⅶ级航道
任何航段	13 km/h	10 km/h

12.2.6　过河缆线的通航净高应按缆线夏季驰度最低点计算，并应符合下列规定：

1　架空送电、配电缆线在设计最高通航水位以上的净空高度不应小于缆线最小架空高度与安全高度之和，缆线最小架空高度应按表 12.2.6-1 取值，安全高度可根据电压情况按表 12.2.6-2取值。

表 12.2.6-1　缆线最小架空高度(m)

航道等级	Ⅱ	Ⅲ	Ⅳ	Ⅴ	Ⅵ	Ⅶ
高度	17.0	16.5	16.0	12.5	9.0	8.5

注：对于电压较低的电信、网线等弱电缆线，其最小架空高度可适当降低，但不应低于航道规划等级对应的水上过河建筑物的通航净高。

表 12.2.6-2 缆线安全高度(m)

类别	电力缆线								通信缆线、其他缆线
	电压等级(kV)								
	1～10	35	110	220	330	500	750	1 000	
安全富裕高度	1.5	2.0	2.0	3.0	4.0	6.0	8.0	10.0	1.5

2 缆线在桥梁旁跨过时，其净空高度可适当降低，但不应低于水上过河建筑物的通航净高(取航道规划等级对应的通航净高和临近桥梁实际通航净高二者大值)和表 12.2.6-2 规定的安全高度之和。

12.2.7 过河缆线应按现行国家标准《内河助航标志》GB 5863 的要求设置内河助航标志。

12.2.8 宜在铁路桥、城市轨道交通桥和危险品管线桥的上、下游合理范围内设置防撞设施。

12.3 水下过河建筑物

12.3.1 穿越航道的水下缆线、管道、涵管和隧道等水下过河建筑物应布设在远离滩险、装卸码头、停泊区码头和锚地的稳定河段，其距离不应小于水下过河建筑物的安全保护距离。

12.3.2 穿越航道的水下缆线、管道、涵管和隧道等水下过河建筑物应埋置于河床内，在两岸航道水系蓝线之间的顶部设置深度应符合下列规定：

1 Ⅱ～Ⅴ级航道不应小于远期规划航道底高程以下 2 m，Ⅵ级和Ⅶ级航道不应小于远期规划航道底高程以下 1 m。当存在向上的施工偏差和埋设后上浮因素时，尚应根据向上的施工偏差和上浮量，相应增加埋置深度。

2 航道现状底高程低于规划底高程时，其水下过河建筑物顶部设置深度应自航道现状底高程起算。

3 应分析所在河床的稳定性和冲淤变化,并根据可能的最大冲刷幅度增加埋置深度或采取管线防护措施保证埋置深度符合本条第1款的要求。

4 危险品管线的埋置深度应在上述规定的基础上加深1 m。

12.3.3 水下过河建筑物的工作井或出入土点应设置在航道水系蓝线或规划河口线的陆域侧,二者之间的距离,Ⅴ级及以上航道不应小于15 m,Ⅵ级及以下航道不应小于10 m。

12.3.4 穿越航道的水下缆线、管道、涵管和隧道等水下过河建筑物,在航道护岸范围内应低于护岸结构最低点以下0.5 m。

12.3.5 在穿越航道的水下缆线、管道、涵管和隧道等水下过河建筑物的水域或两侧陆域,应按现行国家标准《内河助航标志》GB 5863 的要求设置禁锚标志。

12.4 临河建筑物和设施

12.4.1 航道陆域用地控制线和航道水系蓝线(或规划河口线)之间范围可用于护岸和防汛墙、防汛通道及附属设施、绿化带、助航标志及交通标志标牌、停泊区、服务区、管理站点、航道管理站、闸管所、取排水构筑物、码头等水运、水利设施的建设,若设置其他沿河建筑物和设施,应按有关规定执行。水文测站不应影响船舶通航安全,且应设置相应的防撞设施。

12.4.2 铁塔、电杆基础及拉线基础应设置在航道水系蓝线(或规划河口线)以外的陆域侧,且距离不应小于15 m。

12.4.3 航道两岸的取排水口设施不应占用通航水域,围栏设施应采用透空率不小于75%的高透空性结构,且应避免对河床稳定造成不利影响,避免出现碍航水流。对于开敞航道,应通过数值模拟研究影响程度,并提出改善措施。取排水设施建设后通航水域内的纵向和横向水流流速不应超过本标准表3.3.3所列数值。

12.4.4 装卸码头的选址应符合下列规定:

1 装卸码头选址应符合相关港区规划。

2 装卸码头与水源保护区和水厂取水口的距离应符合现行国家标准《生活饮用水卫生标准》GB 5749 和相关规定,并配备污染物、废弃物接收设施和必要的水污染应急处置设施。

3 装卸码头应避开水上过河建筑物。对于水中设墩的水上过河建筑物,其安全距离,开敞航道不应小于码头设计船型顶推船队长度的 3 倍或货船长度的 4 倍,闸控航道不应小于码头设计船型顶推船队长度的 2 倍或货船长度的 3 倍。

4 装卸码头应避开通行控制航段,其安全距离,开敞航道不应小于航道代表船型顶推船队长度的 3 倍或货船长度的 4 倍,闸控航道不应小于航道代表船型顶推船队长度的 2 倍或货船长度的 3 倍。

5 装卸码头应避开水下过河建筑物,其距离不应小于水下过河建筑物的安全保护距离。

12.4.5 危险品码头的选址尚须符合下列规定:

1 一级、二级水源保护区范围内严禁设置危险品码头。

2 危险品码头必须远离饮用水取水口,不应对供水安全造成影响。

3 危险品码头必须配备污染物、废弃物接收设施以及水污染应急处置设施。

12.4.6 非限制性航道上的装卸码头平面布置宜采用顺岸式或顺岸挖入式,顺岸式和顺岸挖入式码头应设置船舶回旋水域,并应符合下列规定:

1 船舶顺靠时,码头前沿停泊水域宽度应为设计船型宽度加富裕宽度;船舶丁靠时,码头前沿停泊水域宽度应为船舶离岸端至码头前沿线的距离与富裕宽度之和;富裕宽度宜取 1.0 倍设计船型宽度,水流较急河段富裕宽度应适当加宽。

2 当回旋水域设置在码头前沿时,应符合下列规定:

1)回旋水域尺度,闸控航道可按货船长度或船队中最大单船长度的 1.2 倍；开敞航道可按货船长度或船队中最大单船长度的 1.5 倍，经技术论证，可适当降低。

2）当需要利用航道底宽水域时，应通过技术论证分析船舶回旋对航道通航的影响，在不影响设计水平年航道正常通航的前提下，回旋水域可利用航道底宽水域。

3）当停泊水域宽度的可利用部分、允许利用的航道水域宽度合计能够满足代表船型回旋水域尺度时，可采用顺岸式，码头前沿线布置在航道水系蓝线处，见图 12.4.6-1；否则，应采用顺岸挖入式，见图 12.4.6-2。

图 12.4.6-1　顺岸式码头平面布置

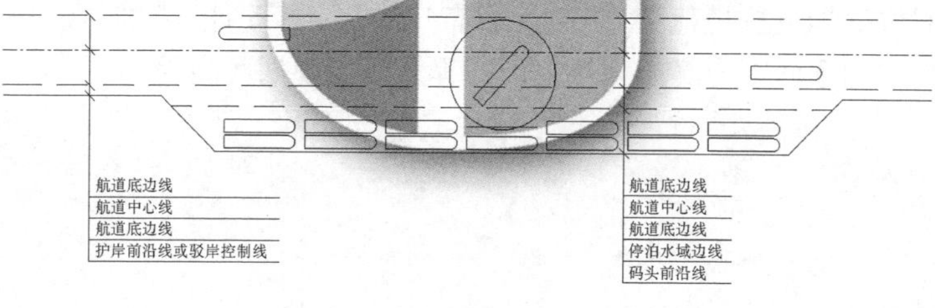

图 12.4.6-2　顺岸挖入式码头平面布置

3　当离开码头一定距离、利用航道底宽水域专门设置回旋水域时，应通过技术论证分析船舶回旋对航道通航的影响，在不影响设计水平年航道正常通航的前提下，回旋水域可利用航道底宽水域。回旋水域尺度，闸控航道可按货船长度或船队中最大单船长度的1.2倍;开敞航道可按货船长度或船队中最大单船长度的1.5倍,经技术论证,可适当降低。

12.4.7 非限制性航道上的装卸码头平面布置采用港池挖入式时,应在港池内设有船舶回旋水域,具体应符合现行行业标准《河港总体设计规范》JTS 166的有关规定。

12.4.8 限制性航道的装卸码头应采用顺岸挖入式或港池挖入式,面宽条件允许时经论证可采用顺岸式。顺岸式、顺岸挖入式和港池挖入式布置要求分别按本标准第12.4.6条和第12.4.7条执行。

12.5 碍航物的清除标准

12.5.1 与航道相关的工程,对于影响航道条件的桩基、废弃建构筑物、临时设施及其残留物清除应符合下列规定:

1 拆除后残余结构的顶面埋深,对于Ⅱ～Ⅴ级航道不应小于2 m,Ⅵ～Ⅶ级航道不应小于1 m,并应考虑冲刷影响因素。

2 埋深起算基准面,应以航道规划设计泥面线(底宽、底高程按规划或按规范计算确定,若有边坡以1∶5计)为准,且碍航物结构顶面不应高于现状泥面高程及河道规划底高程。

附录 A 航道通过能力计算

A.0.1 航道通过能力应包括航道的船舶通过能力和航道的货物通过能力，航道的货物通过能力可按航道的船舶通过能力和船舶平均装载系数的乘积计算确定。

A.0.2 航道的船舶通过能力可按下式计算：

$$W=\frac{1\,000W_{c}VtSK}{L_{c}} \tag{A.0.2}$$

式中：W ——航道的船舶通过能力(t/a)。

W_c ——代表船型的载重吨(t)。

V ——航道的设计航速(km/h)。

L_c ——代表船型的船长(m)。

t ——全年通航时间(h)，按年通航天数、设计通航保证率、日工作系数和 24 h 的乘积取值。日工作系数，可夜航的航道可取 0.67～0.85，不夜航的航道可取 0.5。

S ——航道线数。

K ——综合系数，取 0.078～0.088，开敞航道取低值，闸控航道取高值。

A.0.3 当航道的代表船型较多、尺度差异较大、船舶平均装载系数差异较大时，可按式(A.0.2)分别计算不同代表船型的船舶通过能力和货物通过能力，再按不同代表船型的比例加权平均得到航道的船舶通过能力和货物通过能力。

附录 B 直线段航道底宽计算

B.0.1 直线段单线航道底宽可按下列公式计算：

$$B_1 = B_F + 2d \tag{B.0.1-1}$$

$$B_F = B_s + L_c \sin\beta \tag{B.0.1-2}$$

式中：B_1——直线段单线航道底宽(m)；

B_F——船舶或船队航迹带宽度(m)；

d——船舶或船队外舷至航道边缘的安全距离(m)，船队可取 0.25～0.30 倍航迹带宽度，货船可取 0.34～0.40倍航迹带宽度；

B_s——船舶或船队宽度(m)；

L_c——货船长度、顶推船队长度(m)；

β——船舶或船队航行漂角(°)，见表 B.0.1。

表 B.0.1 船舶或船队航行漂角 β

航道类别	航道等级					
	Ⅱ	Ⅲ	Ⅳ	Ⅴ	Ⅵ	Ⅶ
开敞航道	3°	3°	3°	3°	2°	2°
闸控航道	1.5°～3°	1.5°～3°	1.5°～3°	1.5°～3°	0°～2°	0°～2°

注：对于闸控航道，属于限制性航道时取低值，属于非限制性航道时取高值。

B.0.2 直线段双线航道底宽可按下列公式计算：

$$B_2 = B_{Fd} + B_{Fu} + d_1 + d_2 + C \tag{B.0.2-1}$$

$$B_{Fd} = B_{sd} + L_{cd} \sin\beta \tag{B.0.2-2}$$

$$B_{Fu} = B_{su} + L_{cu} \sin\beta \tag{B.0.2-3}$$

式中： B_2——直线段双线航道底宽(m)；

B_{Fd}——下行船舶或船队航迹带宽度(m)；

B_{Fu}——上行船舶或船队航迹带宽度(m)；

d_1——下行船舶或船队外舷至航道边缘的安全距离(m)；

d_2——上行船舶或船队外舷至航道边缘的安全距离(m)；

C——船舶或船队会船时的安全距离(m)；

B_{sd}——下行船舶或船队宽度(m)；

B_{su}——上行船舶或船队宽度(m)；

L_{cd}——下行货船长度、顶推船队长度(m)；

L_{cu}——上行货船长度、顶推船队长度(m)；

β——船舶或船队航行漂角(°)，见表 B.0.1；

d_1+d_2+C——各项安全距离之和(m)，船队可取 0.50 倍～0.60 倍上行和下行航迹带宽度，货船可取 0.67 倍～0.80 倍上行和下行航迹带宽度。

附录C 设计船行波波要素及其爬高的计算

C.0.1 航道的设计船行波波要素可按下列公式计算：

1 近岸处的波峰值

$$H_{c1}=\beta_1 H\left(\frac{S}{H}\right)^{-0.33}\left(\frac{V}{\sqrt{gH}}\right)^{2.67} \qquad (C.0.1-1)$$

式中：H_{c1} ——近岸处的船行波波峰值(m)；

β_1 ——计算波峰值时与船型有关的系数；

S ——护岸坡脚与船舷的距离(m)；

H ——航道水深(m)；

V ——船舶航速(m/s)；

g ——重力加速度(m/s^2)。

2 近岸处的波谷值

$$H_{c2}=\beta_2 H\left(\frac{S}{H}\right)^{-0.33}\left(\frac{V}{\sqrt{gH}}\right)^{2.67} \qquad (C.0.1-2)$$

式中：H_{c2} ——近岸处的船行波波谷值(m)；

β_2 ——计算波谷值时，与船型有关的系数。

计算波峰、波谷值时，式(C.0.1-1)与式(C.0.1-2)中船型有关系数 β_1、β_2 取值可参考表 C.0.1。

表 C.0.1 β 值分布区间

系数	β 分布区间	建议取值
β_1	0.189～0.355	0.355
β_2	0.151～0.277	0.277

3 波长

$$L=0.43V^{2} \quad (C.0.1-3)$$

式中：L ——船行波波长(m)。

4 波周期

$$T=\sqrt{\frac{2\pi L}{g}\text{th}\frac{2\pi H}{L}} \quad (C.0.1-4)$$

式中：T ——船行波周期(s)。

5 船行波传播角

$$\theta=35.27[1-e^{12(F_d-1)}] \quad (C.0.1-5)$$

式中：θ ——船行波波向线与船舶轴线的夹角(°)；

F_d ——弗汝德数，$F_d=V/\sqrt{gH}$，公式适用于 $F_d<1.0$。

C.0.2 岸坡不陡于 1∶1.5 时，设计船行波在岸坡上的爬高可按下列公式计算：

$$R_u=R_0K_\Delta K_\theta \quad (C.0.2-1)$$

$$R_\theta=0.4T\sqrt{gH_c}\tan\beta \quad (C.0.2-2)$$

$$H_C=H_{C1}+H_{C2} \quad (C.0.2-3)$$

式中：R_u ——船行波爬高(m)；

R_0 ——当船行波传播角 $\theta\leqslant 10^\circ$ 时的爬高值(m)；

H_c ——护岸坡脚处的船行波波高值(m)；

K_Δ ——岸坡糙率修正系数，可按表 C.0.2 取值；

K_θ ——船行波传播角修正系数，当 $\theta\leqslant 65^\circ$ 时，可按 $K_\theta=\cos(\theta-10^\circ)$ 取值；

β ——岸坡坡角(°)。

表 C.0.2 岸坡糙率修正系数

护面类型	K_{Δ}
沥青,光滑面的混凝土	1.00
混凝土块,土工布垫层沥青砂,草皮护面	0.95
沥青块石,浆砌块石,平整度较好的干砌块石	0.90
粗糙的混凝土块体,平整度较差的干砌块石	0.80
石笼排	0.70

附录 D　非限制性航道水上过河建筑物通航净宽的计算

D.0.1　非限制性航道水上过河建筑物轴线法线方向与水流流向的交角不大于 5°时，通航净宽可按下列公式计算：

$$B_{m1} = B_F + \Delta B_m + P_d \qquad (D.0.1\text{-}1)$$

$$B_{m2} = 2B_F + b + \Delta B_m + P_d + P_u \qquad (D.0.1\text{-}2)$$

$$B_F = B_s + L_c \sin\beta \qquad (D.0.1\text{-}3)$$

式中：B_{m1} ——单孔单向通航净宽(m)；

B_F ——船舶或船队航迹带宽度(m)；

ΔB_m ——船舶或船队与两侧桥墩间的富裕宽度(m)，Ⅱ～Ⅴ级航道可取 0.6 倍航迹带宽度，Ⅵ～Ⅶ级航道可取 0.5 倍航迹带宽度；

P_d ——下行船舶或船队偏航距(m)，可按表 D.0.1-1 取值。

表 D.0.1-1　各级横向流速下下行船舶偏航距(m)

航道等级	下行偏航距		
	横向流速		
	0.1 m/s	0.2 m/s	0.3 m/s
Ⅱ	10	15	20
Ⅲ	8	10	15
Ⅳ	8	10	15
Ⅴ	8	10	15
Ⅵ	8	10	15
Ⅶ	5	8	8

注：闸控航道横向流速按 0.1 m/s，开敞航道横向流速实测确定，但不小于 0.2 m/s。

B_{m2}——单孔双向通航净宽(m)；

b——上下行船舶或船队会船时的安全距离(m)，可取船舶或船队宽度；

P_u——上行船舶或船队偏航距(m)，可取0.85倍下行偏航距；

B_s——船舶或船队宽度(m)；

L_c——货船长度、顶推船队长度(m)；

β——船舶或船队航行漂角(°)，可按表D.0.1-2选用。

表D.0.1-2 船舶或船队航行漂角

航道类别	航道等级					
	Ⅱ	Ⅲ	Ⅳ	Ⅴ	Ⅵ	Ⅶ
开敞航道	6°	6°	6°	6°	3°	3°
闸控航道	4°	4°	4°	4°	2°	2°

D.0.2 非限制性航道水上过河建筑物轴线法线方向与水流流向的交角大于5°，且横向流速大于0.3 m/s时，应按现行国家标准《内河通航标准》GB 50139执行。

附录 E　取消货运功能航道主要技术参数

E.0.1　代表船型主要为游览船与游艇，可按表 E.0.1 选择。

表 E.0.1　取消货运功能航道代表船型

类型			代表船舶尺度(m)			
			总长	型宽	满载吃水	空载水线以上高度
游览船	小型	游览船①	10.0	3.0	0.6	<1.95
	中型	游览船②	14.7	4.4	1.1	
		游览船③	17.0	4.0	0.8	
		游览船④	18.0	3.5	1.1	
	大型	游览船⑤	18.5	4.1	1.5	
		游览船⑥	24.9	4.4	1.4	
		游览船⑦	21.0	4.6	1.0	
游艇	小型	游艇①	10.2	4.1	1.1	

E.0.2　通航水位包括设计最高通航水位和设计最低通航水位，可按本标准第 3.2 节确定。

E.0.3　航道设计水深可按式(E.0.3)计算：

$$H = T + \Delta H + Z \tag{E.0.3}$$

式中：H ——航道设计水深(m)；

T ——船舶设计吃水(m)；

ΔH ——富裕水深，对于游览船可取 0.2 m，对于游艇可取 0.3 m～0.4 m；

Z ——备淤深度(m)，根据航道年回淤强度分析研究确定，不宜小于 0.4 m。

航道同时有游览船及游艇航行时，航道设计水深应分别计算，并取大值。

E.0.4 直线段航道底宽可按本标准附录B公式计算，且不应小于表E.0.4所规定的数值。

表E.0.4 直线段最小航道底宽

计算控制船型			船舶型宽 B_s (m)	单线航道底宽 B_1 (m)		双线航道底宽 B_2 (m)	
				闸控	开敞	闸控	开敞
游览船	小型	游览船①	3.0	5.5	6.0	11.0	11.5
	中型	游览船②	4.4	8.0	8.5	16.0	16.5
		游览船③	4.0	7.5	8.0	14.5	15.5
		游览船④	3.5	6.5	7.0	13.0	14.0
	大型	游览船⑤	4.1	7.5	8.0	15.0	16.0
		游览船⑥	4.4	8.5	9.0	16.0	17.5
		游览船⑦	4.6	8.5	9.0	17.0	18.0
游艇	小型	游艇①	4.1	7.5	8.0	14.5	15.0

E.0.5 航道最小弯曲半径不宜小于3倍船长；否则，航道底宽应在直线段航道底宽的基础上加宽，加宽值可按本标准式(4.3.4)计算。若不具备加宽条件，应设置急弯航道标志、限制航速标志、制动距离辅助标志；在航道急弯、航道交汇口等通视条件差的航段，尚应布置回旋水域，并设置顶靠调头板、反光镜及交通信号系统等安全辅助设施。

回旋水域直径可按式(E.0.5-1)计算：

$$B_x = 1.5L_c \qquad (E.0.5-1)$$

式中：B_x——回旋水域直径(m)；

L_c——设计船长(m)。

制动距离可按式(E.0.5-2)计算，有条件时，可通过船舶操纵试验确定：

$$L = 1.5L_c \qquad (E.0.5\text{-}2)$$

式中：L ——制动距离(m)；

L_c ——设计船长(m)。

E.0.6 对于新建或改建的水上过河建筑物，宜采用单孔双向通航，条件困难可采用单孔单向通航，如图 E.0.6 所示。

通航净宽可按本标准附录 D 公式计算。

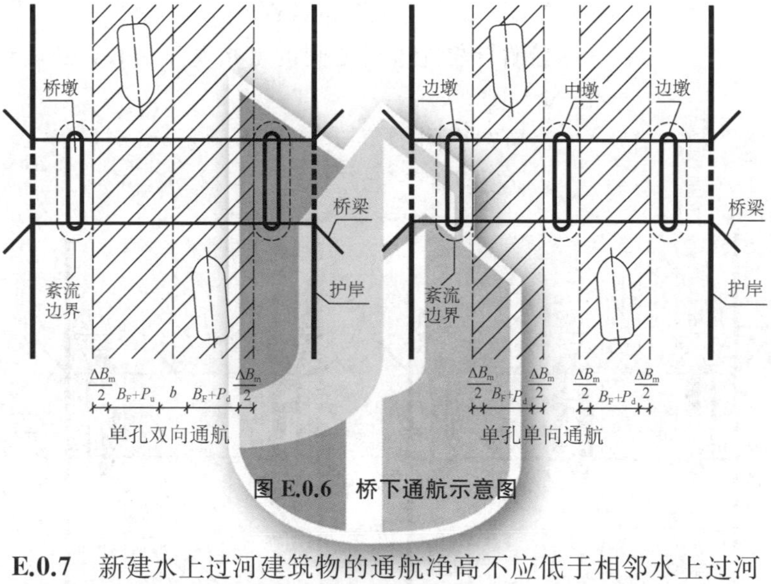

图 E.0.6 桥下通航示意图

E.0.7 新建水上过河建筑物的通航净高不应低于相邻水上过河建筑物的通航净高，且不应小于 3 m；条件困难时不应小于 2.5 m，梁(管)底高程不应小于 6.0 m(上海吴淞零点)。

E.0.8 对于不具备改建条件的现有水上过河建筑物，应设置防护设施(见图 E.0.8-1)、桥梁警示标志、限制航速标志，且通航净宽应满足式(E.0.8-1)或式(E.0.8-2)的要求。当极端困难情况下，通航净宽仅能满足式(E.0.8-3)要求时，尚应设置引航设施(见图 E.0.8-2)、桥梁警示标志、限制航速标志、禁止交会标志等。

$$B'_{m1} = B_s + 2\Delta b_2 \qquad (E.0.8\text{-}1)$$

$$B'_{m2}=B_{s1}+B_{s2}+\Delta b_1+2\Delta b_2 \qquad (E.0.8-2)$$

$$B''_{m1}=B_s+\Delta b \qquad (E.0.8-3)$$

式中：B'_{m1}——单孔单向通航净宽最小值(m)；

B'_{m2}——单孔双向通航净宽最小值(m)；

B''_{m1}——极端困难情况下通航净宽最小值(m)；

B_s，B_{s1}，B_{s2}——船舶宽度(m)；

Δb_1——船舶之间的富裕宽度(m)，$\Delta b_1=B_s$；

Δb_2——船舶与紊流边界之间的富裕宽度(m)，$\Delta b_2=0.5B_s$；

Δb——富裕宽度附加值(m)，当 $B_s\leqslant 7$ m 时，$\Delta b\geqslant 1$ m，当 $B_s>7$ m 时，$\Delta b\geqslant 1.2$ m。

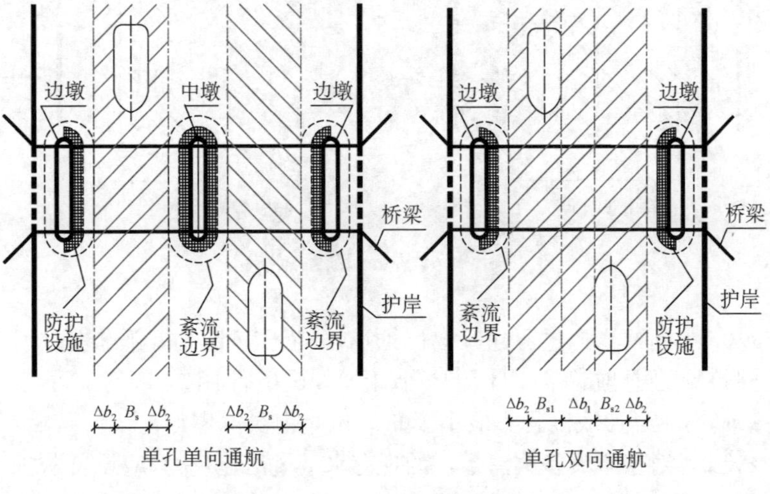

图 E.0.8-1　桥下通航示意图

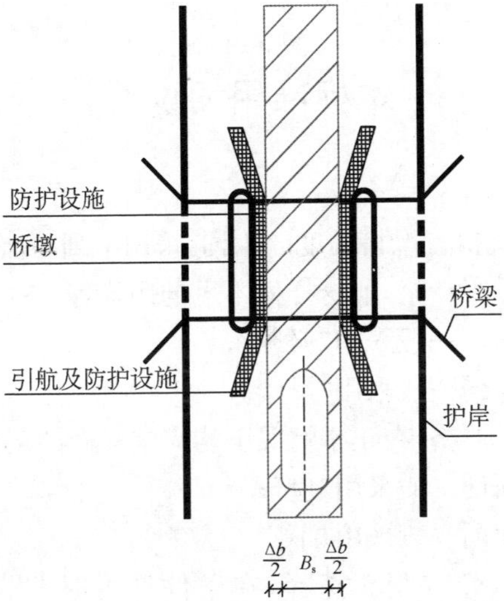

图 E.0.8-2　桥下通航示意图(极端困难情况)

E.0.9　航道沿线宜设置救生圈或救生环等安全设施,间距不宜超过 20 m。

本标准用词说明

1 对条文执行严格程度的用词，采用下列写法：

1）表示很严格，非这样做不可的用词：
正面词一般采用“必须”；
反面词一般采用“严禁”。

2）表示严格，在正常情况下均应这样做的用词：
正面词一般采用“应”；
反面词一般采用“不应”。

3）表示允许稍有选择，在条件许可时首先应这样做的用词：
正面词一般采用“宜”；反面词一般采用“不宜”。

4）表示允许有选择，在一定条件下可以这样做的用词，一般采用“可”。

2 条文中必须按指定的标准、规范或其他有关规定执行的写法为“应符合……的规定”或“应按……执行”。

引用标准名录

1 《内河通航标准》GB 50139
2 《疏浚与吹填工程设计规范》JTS 181—5
3 《港口与航道水文规范》JTS 145
4 《防波堤与护岸设计规范》JTS 154
5 《河港总体设计规范》JTS 166
6 《航道工程设计规范》JTS 181
7 《船闸总体设计规范》JTJ 305
8 《地基基础设计标准》DGJ 08—11
9 《基坑工程技术标准》DG/TJ 08—61
10 《防汛墙工程设计标准》DG/TJ 08—2305
11 《内河航道信息化设施设置标准》DG/TJ 08—2094

上海市工程建设规范

内河航道工程设计标准

DG/TJ 08—2116—2020
J 12229—2021

条文说明

2021　上海

目　次

Contents

1 总 则

1.0.1 国家、行业现行标准尚未全面覆盖本市内河航道特点，难以满足本市内河航道规划和建设需要。在现行规范的基础上，根据本市内河航道和船型的特点，细化、补充、完善有关内容，形成符合本市地方特点的航道设计标准，以规范和指导内河航道的规划建设，适应本市内河航道的发展，实现本市内河高等级航道网的规划目标。

1.0.2 黄浦江航道属于受潮汐影响为主的天然河流航道，与本市其他内河航道在自然水深及面宽、水文特性、通航船型等方面明显不同，黄浦江（分水龙王庙～巨潮港）完全按现行国家标准《内河通航标准》GB 50139 执行，黄浦江（巨潮港～吴淞口）属于通航海轮航道，按现行行业标准《海港总体设计规范》JTS 165、《海轮航道通航标准》JTS 180 等标准执行。

1.0.3 对由交通主管部门批准取消货运功能的航道（不包括湖区），其主要技术参数与一般货运航道存在较大差异，按本标准附录 E 相关要求执行。

1.0.5 “批准的航道等级”是指“批准的航道技术等级”或“批准的规划航道等级”。“批准的航道技术等级”是指 1998 年 10 月交通部、水利部、国家经济贸易委员会联合批准的全国Ⅰ～Ⅳ级航道（含省定Ⅴ级以下、500 吨级以上海轮航道）技术等级和上海市人民政府批准的Ⅴ～Ⅶ级航道技术等级。“批准的规划航道等级”是指经国家或交通行政主管部门和上海市人民政府批准的规划中所确定的航道等级。

1.0.6 本市内河航道网与苏南内河航道网、浙北内河航道网相连，是长三角内河航道网的重要组成部分。为实现长三角地区内河水运的一体化，与江苏省、浙江省连通航道设计应注意在代表船型、通航水位、通航净空尺度和航道通过能力等方面与江苏省、浙江省相衔接。

本条要求尚应符合现行国家标准、行业标准和上海市工程建设规范中强制性条文的规定，以及法律法规的有关规定，其主要标准有：《内河通航标准》GB 50139、《运河通航标准》JTS 180—2、《航道工程设计规范》JTS 181、《河港总体设计规范》JTS 166、《渠化工程枢纽总体布置设计规范》JTS 182—1、《船闸总体设计规范》JTJ 305、《海轮航道通航标准》JTS 180、《港口与航道水文规范》JTS 145、《水运工程地基设计规范》JTS 147、《防波堤与护岸设计规范》JTS 154、《内河助航标志》GB 5863、《内河航道维护技术规范》JTJ287、《地基基础设计标准》DGJ 08—11、《基坑工程技术标准》DG/TJ 08—61、《基坑工程施工监测规范》DG/T 08 等，其主要法律法规有：《中华人民共和国航道管理条例》《中华人民共和国航道管理条例实施细则》《上海市航道条例》《上海市河道管理条例》《上海市饮用水水源保护条例》等。

2 术　语

2.0.1～2.0.2　国内外研究成果表明，当航速为 10 km/h 时，断面系数 n 值不宜小于 6，在此基础上提高 n 值，航行阻力有所改善，当 $n>10$ 时，断面系数对航道阻力的影响已很小；当 $n\geqslant 14$ 时，n 值的增加对阻力影响不明显。

根据《关于深水、浅水与限制性航道界定的探讨》(《水运工程》2006 年第 1 期，周华兴、郑宝友)，限制性航道船舶阻力 $R_n=k_nR_\infty$，k_n 为限制性航道船舶阻力换算系数，$k_n=\{n/[n-(1+0.2\delta^2V^2)]\}\times 2.25$，$R_\infty$ 为船舶在无限宽深水域航行的阻力，n 为断面系数，δ 为船舶方形系数，V 为船舶航速。

表 2-1　不同航速情况下 k_n 与断面系数关系表

船舶方形系数 δ	断面系数 n	船舶航速 V (m/s)	限制性航道船舶阻力换算系数 k_n	船舶航速 V (m/s)	限制性航道船舶阻力换算系数 k_n
0.8	6	3	2.72	2.5	2.23
0.8	7	3	2.29	2.5	1.95
0.8	8	3	2.02	2.5	1.77
0.8	9	3	1.85	2.5	1.65
0.8	10	3	1.73	2.5	1.56
0.8	14	3	1.46	2.5	1.36
0.8	20	3	1.29	2.5	1.24
0.85	6	3	2.97	2.5	2.36
0.85	7	3	2.45	2.5	2.04
0.85	8	3	2.14	2.5	1.84
0.85	9	3	1.94	2.5	1.71

续表 2-1

船舶方形系数 δ	断面系数 n	船舶航速 V(m/s)	限制性航道船舶阻力换算系数 k_n	船舶航速 V(m/s)	限制性航道船舶阻力换算系数 k_n
0.85	10	3	1.80	2.5	1.61
0.85	14	3	1.50	2.5	1.39
0.85	20	3	1.32	2.5	1.25

计算表明(见表 2-1)，k_n 随 V 的增加而增大，又随 n 增大而减小，n 值的缩小对阻力的增值，比航速增加对阻力增值要快。当船舶方形系数为 0.8～0.85，船舶航速为 9 km/h(2.5 m/s)～10.8 km/h(3 m/s)时，n =6、7、8、9、10、14、20 的 k_n 平均值分别为 2.57、2.18、1.95、1.79、1.67、1.43、1.27。可见，限制性航道和非限制性航道是相对的、逐渐过渡的，并无严格的划分界限，限制性航道与非限制性航道划分的关键是 k_n 的取值。

本市闸控航道的 n 值大多为 6～7，以Ⅲ级航道为例，航道底宽大多为 50 m，航道面宽大多在 70 m 左右。而苏申内港线航道规划面宽为 120 m，航道宽度富裕约 70%。可见，此时航行阻力主要来自航道水深的限制，而不是来自航道面宽的限制，可以按非限制性航道考虑。

因此，本市可考虑 k_n =1.67(相应的 n =10) 作为限制性航道和非限制性航道的划分界限。

综合以上分析，取 n =10 作为本市限制性航道和非限制性航道的划分界限。

2.0.5 通航水域的定义系根据现行国家标准《内河通航标准》GB 50139 补充优化。

2.0.7～2.0.17 现行国家标准《内河通航标准》GB 50139 只给出了内容，未给出具体定义，为便于理解和贯彻，本标准根据现行行业标准《航道工程基本术语标准》JTJ/T 204 作了补充。

其中，对于通航净空高度，本标准规定不包括水上过河建筑物自重引起的工后沉降和地面的整体沉降。

2.0.21 现行行业标准《船闸总体设计规范》JTJ 305 中称为停泊段，但该名称未贴切地体现其过闸等候这一性质，且容易与停泊区的名称混淆，因此，本标准称之为候闸区。

2.0.23 护岸前沿线是航道工程平面布置的重要因素，在本市又称驳岸前沿线、河口线。为了适应护岸生态化和景观化的要求，本标准明确了护岸顶高程无论是否高于设计最高通航水位，主体结构顶部的前沿线即为护岸前沿线。

2.0.26 航道陆域用地控制线（对应“一环十射”航道水系蓝线规划的是“航道陆域建筑控制线”）是在规划阶段制订的，其制订深度为规划深度，目的是在规划层面避免新建建筑物侵入，保证航道建设用地范围，满足今后航道（护岸、防汛通道、景观及附属设施等）建设运行需要。航道征地范围线则是在建设阶段，以满足航道建设运行需要，节约土地资源和减少动拆迁量为原则，在航道陆域用地控制线范围内，通过具体研究和设计确定的。对于航道陆域建筑控制线范围内的已有建筑物，若不影响航道建设运行，可予以保留。因此，由于二者制订的阶段、深度和出发点不同，航道陆域用地控制线不等同于航道征地范围线。

2.0.29 水务部门划示的河道蓝线由河道中心线、两岸河口线和陆域控制线组成，与航道规划的对应关系为：河口线对应航道水系蓝线，陆域控制线对应航道陆域用地控制线。

3 航道等级、通航水位与作业标准

3.1 航道等级及规模

3.1.1 本条对本市各类航道的特点进行了梳理，并在此基础上进行了分类，目的是为通航水位、航道水深、航道宽度、水上过河建筑物通航净空宽度等设计提供依据。

3.1.2 本标准结合京杭运河标准船型系列，对各级航道给出载重吨范围值如表 3-1 所示。

表 3-1 不同航道等级对应的载重吨范围

航道等级	Ⅱ	Ⅲ	Ⅳ	Ⅴ	Ⅵ	Ⅶ
船舶吨级(t)	2 000	1 000	500	300	100	50
普通船舶载重吨(t)	2 500～1 500	1 500～750	750～400	400～200	200～75	≤75
集装箱专用船载箱量	200～120	120～60	60～30	30～16	—	—

注：1 普通船舶指装载和运输件杂货、干散货、液体散货的货船和驳船，集装箱专用船指专门用于装载和运输集装箱的货船。

2 船舶吨级按船舶设计载重吨确定，载箱量按船舶设计载箱量确定，TEU 系指 20 英尺国际标准集装箱。

《关于调整京杭运河船型标准化示范工程标准船型有关政策并公布京杭运河运输船舶标准船型主尺度系列的公告》(交通部 7 号令)中规定京杭运河集装箱船的货箱平均重为 14 t/TEU，若实际装载货箱重量大于或小于 14 t/TEU 时，其载箱量会发生变化，此时应满足标准和法规的相应要求。根据海港设计船型，1 000 吨级～3 000 吨级集装箱船的平均箱重为12.5 t 左右，另外 20 英尺集装箱空箱重 2.3 t，本市国际集装箱平均货重实际统计值约为 9 t/TEU，则集装箱平均重量为 11.3 t/TEU，因此，综合考虑本市内河集装箱船的集装箱箱重也设定为 12.5 t/TEU。

3.1.3 本条根据现行国家标准《内河通航标准》GB 50139 编制，结合本市特点，“整治特别困难的局部航段”主要指因征地拆迁特别困难、只能按单线航道建设的航段。

3.2 通航水位

3.2.1 航道的通航水位在规划水平年内保持一定的稳定性十分重要。由于气候变化、流域区域治理导致上游水情发生变化以及海平面上升等因素，现行行业标准《海轮航道通航标准》JTS 180也规定了当桥址所在地区的平均海面有上升趋势时，其上升的量应计入富裕高度，平均海面上升的预测年限不应少于 50 年。对于水文条件(水情)复杂多变或历史水位资料较短的航道，为避免因水位资料统计年限的变化，导致通航水位经常调整的现象发生，通航水位应考虑规划或设计水平年内水位变化趋势对通航水位的影响并留有适当富裕。

3.2.2 本条根据现行国家标准《内河通航标准》GB 50139 第6.1.2条，结合本市特点编制。对于承泄上游洪水的航道(如长湖申线)，上游泄洪河道整治建设后，水文条件(水位、流量、流速)往往与历史水位资料时期发生明显变化时，此时应通过分析研究，并通过暴雨、径流、潮汐组合情况下河网水利计算确定，历史水位资料可作为校验。

3.2.3～3.2.6 根据水位影响因素及特点，本市闸控航道不受潮汐影响，开敞航道受潮汐影响，因此分两大类分别规定。本市开敞航道无特殊性，按国标执行。而闸控航道不同于天然河流航道，水位受本地降雨径流和人工调节(排涝、灌溉、引水)控制，具有一定的特殊性。

1 本市闸控航道的水位特点

闸控河道的主要任务包括排涝(内陆地区降雨形成)和水资源调度。

排涝调度运行方式:暴雨前将水位预降至 1.8 m~2.0 m,暴雨过程中和暴雨过后可利用低潮位开水闸排水或利用泵站强排进行排涝,排涝流程中控制河道水位不超过规划控制最高排涝水位。本市暴雨后排涝过程(水位恢复至常水位)一般不超过 24 h,预降水位基本在 2.0 m 以上。

水资源调度方式:先排后引、一端引另一端排。水资源调度低水位一般按 2.2 m 控制,高水位按常水位的上限控制。

闸控高水位:具有明显的季节性,高水位主要由汛期暴雨形成径流入河所致,极高水位出现在汛期台风暴雨期间,持续时间非常短暂。而台风期间风速往往大于 7 级,船舶需要中断通航。

闸控低水位:低水位主要由防汛预降和水资源调度低水位控制。

2 闸控航道的设计最高通航水位

第 3.2.5 条参照现行国家标准《内河通航标准》GB 50139 中关于“设闸运河的通航水位应根据综合利用的要求,并结合天然河流航道设计通航水位的有关规定”的规定编制。另外,针对本市闸控航道极高水位出现在台风暴雨期间、持续时间非常短暂的特殊水情,以及台风期间船舶中断通航的运行特点,多年来,本市对采用综合历时保证率确定设计最高通航水位的方法进行了探索和实践,积累了一定的经验,设计最高通航水位按水位综合历时保证率分析论证确定,综合历时保证率不大于 1%,在统计意义上相当于剔除台风不通航时段水位后的重现期高水位。

3 闸控航道的设计最低通航水位

设计最低通航水位依据现行国家标准《内河通航标准》GB 50139中“综合利用的通航渠道的设计最低通航水位应根据综合利用的要求并结合天然河流设计最低通航水位的要求确定”的规定编制。

3.3 作业标准

3.3.2 对于开敞航道，当潮汐影响明显时，宜取得秋季天文大潮和小潮期间的航道水流流速流向、弯道环流数据；当潮汐影响不明显时，宜取得与设计最高通航水位相同重现期的洪水流量时的航道水流流速流向、弯道环流数据。

3.3.3～3.3.4 实践表明，通航水流条件、通航气象条件关系到船舶航行的安全性。现行相关标准仅对船闸引航道的通航水流条件有明确规定，而对其他条件没有规定，本标准进行了补充。

1 船闸引航道的通航水流条件系根据现行国家标准《内河通航标准》GB 50139 和现行行业标准《船闸总体设计规范》JTJ 305 确定。《海港工程设计手册》(人民交通出版社)中水文作业条件也建议顺流≤4 Kn，即 2 m/s。

通航水流条件限定范围为航道底边线之间的通航水域。横流宜采用数模分析；如无条件，则可按规划航道水系蓝线(或规划河口线)处的断面平均横向流速取值。

2 通航气象条件

允许风力≤6 级系根据《海港工程设计手册》中航道的水文气象作业条件确定。

海港航道允许航行的能见度是 1 km，现行国家标准《内河通航标准》GB 50139 规定两座相邻建筑物之间的距离不小于代表船队长度与代表船队下行 5 min/3 min 航程之和。

暴雨对航行的影响体现在暴雨引起能见度显著降低，《短时强降雨对能见度的影响》(《气象科学》，2010，30(2))研究成果表明，当暴雨强度达到 0.4 mm/min～0.6 mm/min 时能见度下降为 500 m～1 000 m，当暴雨强度达到 0.7 mm/min～1.0 mm/min 时能见度下降为 300 m～500 m。

表 3-2 短时强降雨与能见度的对应关系

1 h 雨强 (mm/h)	1 min 雨强 (mm/min)	能见度区间值(m)	能见度可能降至的低值(m)
≥5	0.4~0.6	500~1 000	500
≥10	0.7~1.0	300~500	250
≥15	1.1~2.0	100~300	80~150
≥20	>2.0	100~150	50~100

3.3.5 实践表明，船舶航速大小关系到船行波大小及航道护岸的安全、船舶航行的安全，特别是急弯等特殊航段的航行安全、相邻水上过河建筑物的间距及水中桥墩的安全和航道通过能力的大小。现行内河航道规范、标准均没有对航速作出规定。本标准借鉴海港航道的设计航速、公路及道路设计标准中设计车速的理念，提出设计航速的概念，并针对不同航段的特点，尝试对设计航速提出建议。

设计航速的有关资料如下：

1）类似航道情况：苏南运河按Ⅳ级航道整治后预测航速为 8 km/h～10 km/h，本市黄浦江航行条件优越，限速 6 Kn(合 11 km/h)。海港航道情况：港内航道设计航速一般为 4 Kn～6 Kn(7.5 km/h～11 km/h)，港外航道设计航速一般为 6 Kn～10 Kn(11 km/h～18.5 km/h)。

2）船舶性能：京杭运河标准船型中干散货船设计航速大多为 11 km/h～13 km/h，集装箱船设计航速一般为 13 km/h～15 km/h。

3）船行波：计算表明，航速对船行波影响很大，特别是航速大于 12 km/h 以后。因此，设计应对航道的最高航速作出规定。

4）弯道转角越大、船舶航速越高，则离心力越明显，会使得船舶偏离航道，容易引发安全事故；天然河流航道弯道转角大时，还存在显著的弯道环流现象，流态差。为确保船舶安全通过弯道，设计应对航速作出规定。

5）设计最低航速应考虑航道流速和船舶舵效因素，不宜小于 6 km/h。

根据以上分析，建议设计最高航速一般不超过 15 km/h，设计最低航速一般不低于 6 km/h，具体设计航速可参考表 3-3 确定。

表 3-3　代表船型的设计航速

<table>
<tr><th colspan="3" rowspan="2">航道位置</th><th colspan="2">设计航速</th></tr>
<tr><th>Ⅱ～Ⅳ级航道</th><th>Ⅴ～Ⅶ级航道</th></tr>
<tr><td>一般航段</td><td colspan="2">顺直微弯航段</td><td>≤15 km/h，≥8 km/h</td><td>≤13 km/h，≥6 km/h</td></tr>
<tr><td rowspan="6">特殊航段</td><td rowspan="3">弯道</td><td>弯道转角 15°～45°</td><td colspan="2">≤13 km/h</td></tr>
<tr><td>弯道转角 46°～75°</td><td colspan="2">≤10 km/h</td></tr>
<tr><td>弯道转角≥76°</td><td colspan="2">宜开展专题研究确定</td></tr>
<tr><td colspan="2">航道交汇口</td><td colspan="2">宜开展专题研究确定</td></tr>
<tr><td colspan="2">水中设墩桥区航道</td><td colspan="2">≤13 km/h，≥8 km/h</td></tr>
<tr><td colspan="2">船闸引航道</td><td colspan="2">≤10 km/h，≥6 km/h</td></tr>
</table>

注：1　对于纵向流速较大、弯道环流明显的弯道，以及纵向流速较大、水中设墩桥区航道，设计航速尚应考虑舵效因素，不宜过小。

2　夜间设计最高航速应适当降低。

4 代表船型与航道尺度

4.1 一般规定

4.1.2 航道断面系数

闸外航道、开敞航道流速大，根据现行国家标准《内河通航标准》GB 50139 中“流速较大的航道不应小于 7”的规定，对于双线航道，断面系数取 7，而闸控航道流速小，断面系数取 6。兼顾船型的断面系数适当降低。对于设计航速较小的单线航道，经技术论证，断面系数可适当减小。用于计算断面系数的船型，宜取航道的主力船型。

4.2 代表船型

4.2.1 本标准将船舶分为货船和驳船两大类。

货船指用于装载和运输货物的、具有自航动力的船舶，包括货轮、机动驳。在本标准中分为干散货船、油船和内河集装箱船。

驳船指用于装载和运输货物的、本身无自航动力、依靠推船带动的船舶。

Ⅱ～Ⅵ级航道的代表船型来自长三角内河航道网，因此 100 吨级、300 吨级、500 吨级、1 000 吨级、2 000 吨级代表船型及尺度主要根据《关于调整京杭运河船型标准化示范工程标准船型有关政策并公布京杭运河运输船舶标准船型主尺度系列的公告》(交通部 7 号令)发布的京杭运河运输船舶标准船型主尺度系列确定，并补充了江苏、浙江规划船型。Ⅶ级航道的代表船型来自于长三角内河航道网，因此代表船型按现行国家标准《内河通航标准》GB 50139 限制性航道的规定确定。

90TEU 内河集装箱船为原上海市航务管理处委托交通部上海船舶科学研究所研制开发的船型。

表 4-1 航道代表船型尺度依据

航道等级	船舶吨级(t)	代表船舶、船队	代表船舶、船队尺度(m)（总长×型宽×设计吃水）	依 据
Ⅱ	2 000	120TEU 内河集装箱船(河海直达)	80×12.6×2.6	实船船型
		2 000 t 货船	90×15.4×2.6	《运河通航标准》JTS 180—2 船型
		一顶一列式 2×2 000 t 顶推船队	船队 161×15.8×(2.7～2.9) 驳船 68×15.8×(2.7～2.9)	交通部京杭运河标准船型
Ⅲ	1 000	90TEU 内河集装箱船	72.7×12.6×(2.7～2.8)	交通部上海船舶科学研究所研制
		1 200 t 干散货船	64×10.8×(2.7～2.9)	交通部京杭运河标准船型
		1 000 t 干散货船	58×9.8×(2.7～2.9)	交通部京杭运河标准船型
		1 000 t 油船	68×10.8×(2.7～2.9)	交通部京杭运河标准船型
		一顶一列式 2×1 000 t 顶推船队	船队 161×10.8×2.2 驳船 68×10.8×2.2	交通部京杭运河标准船型
Ⅳ	500	60TEU 内河集装箱船	65×10.6×(2.2～2.5)	交通部京杭运河标准船型
		700 t 干散货船	52×9.6×(2.2～2.5)	交通部京杭运河标准船型
		500 t 干散货船	47×8.8×2.1	交通部京杭运河标准船型
		500 t 油船	52×9.6×(2.2～2.6)	交通部京杭运河标准船型
		500 t 自航驳+500 t 顶推船队	船队 100×10.8×2.0	苏、浙两省规划推荐船型

续表 4-1

航道等级	船舶吨级(t)	代表船舶、船队	代表船舶、船队尺度(m)(总长×型宽×设计吃水)	依 据
Ⅴ	300	30TEU 内河集装箱船	49×9.8×(1.9～2.2)	交通部京杭运河标准船型
		24TEU 内河集装箱船	43×9.8×(1.9～2.2)	交通部京杭运河标准船型
		16TEU 内河集装箱船	42×6.6×2.0	交通部京杭运河标准船型
		400 t 干散货船	42×7.5×(2～2.1)	交通部京杭运河标准船型
		300 t 干散货船	38×7.3×1.9	交通部京杭运河标准船型
		300 t 油船	42×8.2×(1.9～2.2)	交通部京杭运河标准船型
Ⅵ	100	200 t 干散货船	32×6.2×(1.7～1.9)	交通部京杭运河标准船型
		200 t 油船	40×7.1×(1.6～1.9)	交通部京杭运河标准船型
		100 t 干散货船	26×5.0×1.5	交通部京杭运河标准船型
		100 t 油船	31×6.0×1.6	交通部京杭运河标准船型
Ⅶ	50	50 t 干散货船	驳船 25×5.5×1.2	《内河通航标准》GB 50139 船型

长三角地区正在积极推进江海河联运，120TEU 内河集装箱河海直达船已投入运营，尺度为 80 m(总长)×12.6 m(型宽)×2.6 m(设计吃水)。结合未来发展趋势，将 120TEU 内河集装箱

河海直达船纳入代表船型。120TEU 集装箱船型载重吨介于Ⅱ级航道与Ⅲ级航道之间，考虑到航运枢纽一旦建成，改建难度极大，为了给河海联运发展留有余地，本标准将 120TEU 内河集装箱船（河海直达）作为船闸枢纽的校核船型。

本市积极推行垃圾集装箱化运输，开发了大量的 60TEU 环卫集装箱船，尺度为 70.0 m（总长）×10.8 m（型宽）×2.8 m（设计吃水）。部分通行 60TEU 环卫集装箱船的航道需要予以考虑。

本市拖带船队已基本不可见，本标准予以删除。

对于Ⅳ级及以上航道，根据运输需要并经论证，可将高一级航道的代表船型作为航道的兼顾船型。

4.3 航道尺度

4.3.1 航道设计水深根据航行经济性要求和备淤要求提出两个公式：本标准式（4.3.1-1）针对不同断面系数的航道，提出不同的设计水深，体现航行经济性的要求；本标准式（4.3.1-2）在现行国家标准《内河通航标准》GB 50139 和现行行业标准《航道工程设计规范》JTS 181 水深计算公式和参数的基础上，考虑备淤深度。

1 限制性航道

现行国家标准《内河通航标准》GB 50139 直接给出了限制性航道的航道水深，而未给出计算公式。由于本市船舶吃水与该标准船型存在差异，不能直接套用该标准的航道水深。

1) 根据《内河通航标准》GBJ 139—90 条文说明和《航道工程手册》：

国内外研究表明，具有最大水力半径的断面阻力最小，增加航道水深较增加河宽更能减少船舶航行阻力。在断面系数相同条件下，航行阻力与 H/T 值成反比。当航道断面系数为7，H/T 小于1.5～1.6时，航行阻力急剧增加。为减小船舶航行阻力，H/T 不宜小于 1.5，

$H/T=1.3$ 为低速航行的最小值。

国外在限制性航道设计上，尽可能增加水深，而不是增加宽度，如欧洲中德运河、易北河，水面宽 53 m，航宽 39 m～41 m，自航驳尺度 80 m×9.5 m×2.5 m，n 值为 7，H/T 为 1.6～1.8。

《内河通航标准》GBJ 139—90 条文说明明确指出，$H/T=1.6\sim1.7$。

2）根据现行国家标准《内河通航标准》GB 50139 的航道水深和船舶吃水验算，限制性航道的 H/T：Ⅱ～Ⅲ级为 1.5～1.6，Ⅳ～Ⅶ级为 1.25～1.33。

2 非限制性航道

根据现行国家标准《内河通航标准》GB 50139 的航道水深和船舶吃水验算，H/T 基本为 1.15～1.2。

本标准考虑断面系数 $n>20$ 的 H/T 参照天然河流航道取 1.15，断面系数 $n=6\sim7$ 的 H/T 取 1.5～1.6，断面系数 $n=7\sim20$ 的 H/T 内插确定。

本标准式（4.3.1-2）在现行国家标准《内河通航标准》GB 50139 和现行业标准《航道工程设计规范》JTS 181 公式 $H=T+\Delta H$ 的基础上考虑备淤深度。

航道设计水深需同时满足两式，意味着二者取大者。需要注意的是，采用式（4.3.1-1）计算时，不需要额外增加备淤深度。

4.3.2 对闸控航道、开敞航道的航道水深、双线直线段航道底宽、复合式断面的断面系数进行了测算，结果见表 4-2。

表 4-2 限制性航道水深、航道底宽、断面系数验算表

航道	航道等级	代表船型、船队	代表船型、船队尺寸			航道水深				直线段双线航道底宽									断面系数验算(复合式断面时)					
			长度 L_c	型宽 B_s	设计吃水 T	计算			取值	B_s	L_c	β	航迹带宽度 B_F	$(d_1+d_2+c)/B_F$	各项安全距离之和 d_1+d_2+C	航道底宽计算值	航道底宽国标值	航道底宽取值	护岸前沿线与航道底边线距离	航道面宽	航道水深	设计最低通航水位以下断面积	断面系数
			m	m	m	$H=1.4T$	$H=1.5T$	$H=1.6T$	m	m	m	°	m		m	m	m	m	m	m	m	m^2	
闸控航道	Ⅱ	一顶 2×2 000 t 顶推船队	161	15.8	2.9	4.06	4.35	4.64	4.5	15.8	161	1.5	20	0.5	20	60	60	60	2.5	65	4.5	293	6.38
闸控航道	Ⅲ	90TEU 内河集装箱船	72.7	12.6	2.8	3.92	4.2	4.48	4.5	12.6	72.7	1.5	14.5	0.67	19.4	48.4	45	50	0	50	4.5	225	6.38
闸控航道	Ⅲ	1 200 t 干散货船	64	10.8	2.9	4.06	4.35	4.64	4.5	10.8	64	1.5	12.5	0.67	16.7	41.7	45	45	0	45	4.5	203	6.47
闸控航道	Ⅲ	1 000 t 油船	68	10.8	2.9	4.06	4.35	4.64	4.5	10.8	68	1.5	12.6	0.67	16.9	42	45	45	0	45	4.5	203	6.47
闸控航道	Ⅲ	一顶 2×1 000 t 顶推船队	161	10.8	2.2	3.08	3.3	3.52	4	10.8	161	1.5	15	0.5	15	45	45	45	0	45	4	180	7.58
闸控航道	Ⅳ	60TEU 内河集装箱船	65	10.6	2.5	3.5	3.75	4	4	10.6	65	1.5	12.3	0.67	16.5	41.1	40	42	0	42	4	168	6.34
闸控航道	Ⅳ	700 t 干散货船	52	9.6	2.5	3.5	3.75	4	4	9.6	52	1.5	11	0.67	14.7	36.6	40	40	0	40	4	160	6.67
闸控航道	Ⅳ	500 t 油船	52	9.6	2.6	3.64	3.9	4.16	4	9.6	52	1.5	11	0.67	14.7	36.6	40	40	0	40	4	160	6.41
闸控航道	Ⅳ	500 t 自航驳+500 t 顶推船队	100	10.8	2	2.8	3	3.2	4	10.8	100	1.5	13.4	0.5	13.4	40.3	40	40	0	40	4	160	7.41
闸控航道	Ⅴ	30TEU 内河集装箱船	49	9.8	2.2	3.08	3.3	3.52	3.5	9.8	49	1.5	11.1	0.67	14.9	37	35	40	0	40	3.5	140	6.49

续表 4-2

航道	航道等级	代表船型、船队	代表船型、船队尺寸			航道水深				直线段双线航道底宽									断面系数验算(复合式断面时)					
			长度 L_c	型宽 B_s	设计吃水 T	计算			取值	B_s	L_c	β	航迹带宽度 B_F	$(d_1+d_2+c)/B_F$	各项安全距离之和 d_1+d_2+C	航道底宽计算值	航道底宽国标值	航道底宽取值	护岸前沿线与航道底边线距离	航道面宽	航道水深	设计最低通航水位以下断面积	断面系数
			m	m	m	$H=1.4T$	$H=1.5T$	$H=1.6T$	m	m	m	°	m		m	m	m	m	m	m	m	m^2	
闸控航道	Ⅴ	400 t 干散货船	42	7.5	2.1	2.94	3.15	3.36	3.5	7.5	42	1.5	8.6	0.67	11.5	28.7	35	35	0	35	3.5	123	7.78
闸控航道	Ⅴ	300 t 油船	42	8.2	2.2	3.08	3.3	3.52	3.5	8.2	42	1.5	9.3	0.67	12.5	31.1	35	35	0	35	3.5	123	6.79
闸控航道	Ⅵ	200 t 干散货船	32	6.2	1.9	2.66	2.85	3.04	3	6.2	32	0	6.2	0.67	8.3	20.7	20	24	0	24	3	72	6.11
闸控航道	Ⅵ	200 t 油船	40	7.1	1.9	2.66	2.85	3.04	3	7.1	40	0	7.1	0.67	9.5	23.7	20	24	1.5	27	3	81	6
闸控航道	Ⅶ	50 t 干散货船	25	5.5	1.6	2.24	2.4	2.56	2.5	5.5	25	0	5.5	0.67	7.4	18.4	16	18	2	22	2.5	55	6.25
开敞航道	Ⅱ	一顶 2×2 000 t 顶推船队	161	15.8	2.9	4.06	4.35	4.64	4	15.8	161	3	24.2	0.55	26.6	75.1	75	75	0	75	4.5	338	7.37
开敞航道	Ⅲ	90TEU 内河集装箱船	72.7	12.6	2.8	3.92	4.2	4.48	4.5	12.6	72.7	3	16.4	0.8	26.2	59.1	60	60	0	60	4.5	270	7.65
开敞航道	Ⅲ	1 200 t 干散货船	64	10.8	2.9	4.06	4.35	4.64	4.5	10.8	64	3	14.1	0.8	22.6	50.9	60	60	0	60	4.5	270	8.62
开敞航道	Ⅲ	1 000 t 油船	68	10.8	2.9	4.06	4.35	4.64	4.5	10.8	68	3	14.4	0.8	23	51.7	60	60	0	60	4.5	270	8.62
开敞航道	Ⅲ	一顶 2×1 000 t 顶推船队	161	10.8	2.2	3.08	3.3	3.52	4	10.8	161	3	19.2	0.55	21.1	59.6	60	60	0	60	4	240	10.1

续表 4-2

航道	航道等级	代表船型、船队	代表船型、船队尺寸			航道水深			直线段双线航道底宽									断面系数验算(复合式断面时)					
			长度 L_c	型宽 B_s	设计吃水 T	计算			取值	B_s	L_c	β	航迹带宽度 B_F	$(d_1+d_2+c)/B_F$	各项安全距离之和 d_1+d_2+C	航道底宽计算值	航道底宽国标值	航道底宽取值	护岸前沿线与航道底边线距离	航道面宽	航道水深	设计最低通航水位以下断面积	断面系数
			m	m	m	$H=1.4T$	$H=1.5T$	$H=1.6T$	m	m	m	°	m		m	m	m	m	m	m	m	m^2	
开敞航道	Ⅳ	60TEU 内河集装箱船	65	10.6	2.5	3.5	3.75	4	4	10.6	65	3	14	0.75	21	49	50	50	0	50	4	200	7.55
开敞航道	Ⅳ	700 t 干散货船	52	9.6	2.5	3.5	3.75	4	4	9.6	52	3	12.3	0.8	19.7	44.4	50	50	0	50	4	200	8.33
开敞航道	Ⅳ	500 t 油船	52	9.6	2.6	3.64	3.9	4.16	4	9.6	52	3	12.3	0.8	19.7	44.4	50	50	0	50	4	200	8.01
开敞航道	Ⅳ	500 t 自航驳＋500 t 顶推船队	100	10.8	2	2.8	3	3.2	4	10.8	100	3	16	0.55	17.6	49.7	50	50	0	50	4	200	9.26
开敞航道	Ⅴ	30TEU 内河集装箱船	49	9.8	2.2	3.08	3.3	3.52	3.5	9.8	49	3	12.4	0.8	19.8	44.5	40	45	0	45	3.5	158	7.31
开敞航道	Ⅴ	400 t 干散货船	42	7.5	2.1	2.94	3.15	3.36	3.5	7.5	42	3	9.7	0.8	15.5	34.9	40	40	0	40	3.5	140	8.89
开敞航道	Ⅴ	300 t 油船	42	8.2	2.2	3.08	3.3	3.52	3.5	8.2	42	3	10.4	0.8	16.6	37.4	40	40	0	40	3.5	140	7.76
开敞航道	Ⅵ	200 t 干散货船	32	6.2	1.9	2.66	2.85	3.04	3	6.2	32	2	7.3	0.67	9.8	24.4	30	30	1	32	3	96	8.15
开敞航道	Ⅵ	200 t 油船	40	7.1	1.9	2.66	2.85	3.04	3	7.1	40	2	8.5	0.67	11.4	28.4	30	30	1	32	3	96	7.12
开敞航道	Ⅶ	50 t 干散货船	25	5.5	1.6	2.24	2.4	2.56	2.5	5.5	25	2	6.4	0.67	8.5	21.3	24	24	1	26	2.5	65	7.39

由表 4-2 可知：

1）闸控航道：航道水深取 1.6T，航道底宽按航行漂角取 1.5°（Ⅵ、Ⅶ级取 0°），各项安全距离之和 d_1+d_2+C 取 0.5 倍～0.67 倍航迹带宽度计算，复合式断面的航道面宽在航道底宽基础上适当加宽，复合式断面的断面系数刚好超过 6，说明按本标准确定的航道水深、航道底宽和断面系数三者是协调、合适的。

2）开敞航道：航道水深取 1.6T，航道底宽按航行漂角取 3°（Ⅵ、Ⅶ级取 2°），各项安全距离之和 d_1+d_2+C 取 0.55 倍～0.8倍航迹带宽度计算，直立式断面的航道面宽在航道底宽基础上适当加宽，复合式断面的断面系数刚好超过 7，说明按本标准确定的航道水深、航道底宽和断面系数三者是协调、合适的。

另外，与欧洲典型限制性航道断面尺度（根据国家标准《内河通航标准》GBJ 139—90）相比，也是合适的，见表 4-3。

表 4-3　欧洲典型限制性航道断面尺度

航道	长度(km)	面宽(m)	底宽(m)	航宽(m)	边坡	航道水深(m)	n 值	船型尺度(m)	H/T
中德运河	310	53	28.5	39	1∶(3～4)	4.0	7	自航驳 80×9.5×2.5	1.60
莱茵-美因-多瑙河	677	55	31	40	1∶3	4.0, 4.25	6.2, 7.4	顶推船队 183×11.4×2.5	1.70
易北河-侧运河	115	53	26, 29	35, 41	1∶3	4.5	7	自航驳 80×9.5×2.5	1.80
艾伯特运河(北)	130	102	75	87	1∶3	4.5～5.5	7.2	顶推船队 185×22.8×2.5	1.80

4.3.4　第 1、2 款引用现行国家标准《内河通航标准》GB 50139，第 3 款为本标准新增。式(4.3.4)引自现行行业标准《航道工程设计规范》JTS 181。弯道转角大时，存在显著的弯道环流现象，流态复杂，同时船舶航速大时存在显著的离心力，这两个因素都会使得船舶偏离航道，容易引发安全事故。为确保船舶安全通过弯道，对于急弯和设计航速大的弯道加宽值提出宜通过船舶实船航行或模型试验确定的规定。

5 航道选线与布置

5.1 一般规定

5.1.2 航道选线方式一般包括直接利用现有河道、拓宽现有河道、局部切滩和航道改线等，航道改线包括利用其他现有河道拓宽和实地开挖。

5.3 航道平面布置

5.3.3 本条对航道的平面布置作出了规定。

对于航道中心线两个反向弯道之间的要求，江苏实际操作按航道中心线两个反向弯道之间直线段长度不小于 200 m 控制，现行行业标准《航道工程设计规范》JTS 181 规定“两组反向曲线之间直线过渡段长度应大于设计顶推船队长度”。

航道征地范围线布置应能满足航道建设运行和防汛通道设置需要，同一侧航道护岸前沿线与航道征地范围线之间的最小距离不小于 6 m。

6 船　闸

6.1 一般规定

6.1.2 本条根据现行国家标准《内河通航标准》GB 50139 第 4.2.1条编制，鉴于上海内河限制性航道缺乏设置锚泊地的水域条件，多采用带缆停靠方式，故将锚泊地改为候闸区。

另外，上海属于河网地区，低等级航道数量众多，其中相当部分有通航需求但通航密度不高，为此结合引排水工程，建设了相当数量的套闸。套闸具有过船、挡水、引排水等功能，一般由上下游两个闸首、中间闸室和引航道组成，在引排水时段不通航，在通航时段不引排水。建议套闸的规划、建设和管理遵循以下原则：

1）套闸仅适用于通航密度不高的Ⅶ级航道和等外航道。

2）套闸参照船闸的有关规定执行。

6.2 船闸规模

6.2.1 本条引用现行国家标准《内河通航标准》GB 50139。

6.2.2 本条规定船闸有效尺度取计算值和现行国家标准《内河通航标准》GB 50139 的大值。船闸有效长度计算公式在现行行业标准《船闸总体设计规范》JTJ 305 的基础上作了适当修改。

船闸有效长度宜大于代表船队的长度，以满足代表船队不经解队直接进出的需要，从而加快船队进出闸速度，提高船闸的运行效率和通过能力。

7 停泊区、服务区

7.1 一般规定

7.1.1～7.1.3 此三条根据交通部《长江三角洲高等级航道网建设有关技术问题的暂行规定》，结合本市已建高等级航道的相关经验，吸收和借鉴浙江省《内河航道服务区总体设计规范》的相关内容编制。

7.2 停泊区、服务区选址

7.2.2 停泊区、服务区与水源保护区、水厂取水口的距离应符合《上海市饮用水水源保护条例》的相关规定。

7.4 服务设施

7.4.2 本条参照现行国家标准《汽车加油加气站设计与施工规范》GB 50156、《船舶液化天然气加注站设计标准》GB 51312 和现行行业标准《码头岸电设施建设技术规范》JTS 155 编制。

8 航道护岸

8.2 护岸结构

8.2.1～8.2.2 此两条参照现行行业标准《码头结构设计规范》JTS 167、《防波堤与护岸设计规范》JTS 154，结合本市内河航道建设经验编制。

8.2.3 根据本市航道整治经验，对护岸结构型式提出了推荐性意见。螺母块护坡抵御船行波效果差，在船行波作用范围内建议不采用。墙身全部为浆砌块石的挡土墙密实度和临水面砂浆勾缝质量难以保证，耐久性较差，且江苏、浙江地区石料资源越来越紧张，对于Ⅱ～Ⅳ级航道的永久性护岸不宜采用。

8.2.6 借鉴本市已实施的高等级航道生态护岸建设情况及取得的效果，生态护岸建设的总体原则应遵循以满足护岸基本功能为前提，适应航道水流、船行波作用，一定程度上优化河道滨岸带生态环境，改善生态条件，且能满足通航安全及航运管理的相关要求。

1 根据航道建设条件和通航环境条件，对于航道面宽或土地资源受限的航段，宜结合亲水性、改善护岸前后的水土交换条件等要求，采用直立式、半直立式、阶梯式生态护岸结构；对于河面宽阔或土地资源相对宽松的航段，宜兼顾结合河道滨岸带生物演替、生态系统恢复及河道水质改善等要求，采用全斜坡式、带生态水槽的复合式生态护岸结构；介于上述二者之间的其他航段，可结合实际情况，采用直立、斜坡、阶梯等组合式生态护岸结构。总体平面布置上，需与周边环境功能相协调。

2　生态护岸结构及构造宜减少钢筋混凝土、浆砌块石等“硬质”墙体结构。当不可避免时，可通过墙身增加透水孔、墙后设置多孔隙过渡棱体等措施，弱化“硬质”墙体结构对生态环境的不利影响。植草砌块、石笼、生态水槽等相对“软质”的材料和护岸结构型式，在本市内河航道生态护岸建设中积累了一定的经验，且取得了较好的效果，但还需要经过更长时间的观测。因此，对于新型的建筑材料及生态护岸结构，还宜结合不同的航道环境条件，在试验研究的基础上，优选效果好、质量及技术可靠的材料及结构设计方案。

3　生态护岸的植物选择宜多方面研究后综合确定，需尤其重视植物的生存条件和成活效果。水位变动区和船行波作用范围内的水生植物和湿生植物品种选择应充分考虑船行波、水流冲刷破坏等影响；水域到陆域扩展范围宜选择耐水湿性和耐盐碱性的草本植物和乔、灌木等陆缘植物品种，并有效结合野生自然植物的恢复，营造层次丰富的河岸生态景观。

4　受经济发展、航道护岸设施养护水平等因素影响，生态护岸的效果有时达不到预期的目标，且生态护岸的养护管理可能涉及不同行业主管部门的职能、经费安排等问题，在生态护岸研究设计时，应充分注意后期的养护管理问题，以保障生态护岸效果的可持续性。

8.2.9　根据现行上海市工程建设规范《地基基础设计标准》DGJ 08—11，护岸设计可充分利用土的承载力，因此建议对于设有桩基的重力式结构护岸，宜按桩土共同作用原理进行受力计算和分析。

8.2.11～8.2.12　近年来，护岸施工对周边已有建筑物和设施的影响已成为人们所关注的问题。其影响主要体现在沉桩施工的挤土效应、震动影响引起的建筑物变形、裂缝以及基槽开挖时土体变形引起的建筑物变形。通过多年的工程实践，本市在航道建设方面已积累了丰富的经验。另外，现行上海市工程建设规范《地基基础设计标准》DGJ 08—11、《基坑工程技术标准》DG/TJ 08—61 也提供了很好的参考。为此，本条作了相应规定。

1 周边环境允许的护岸变形控制指标

周边环境允许的护岸变形控制指标是为航道工程建设方和周边建筑物、设施方提供量化依据，避免由于缺乏量化数据导致的争议。

根据现行上海市工程建设规范《基坑工程技术标准》DG/TJ 08—61，周边已有建筑物的变形量和基坑位移、基坑外地表沉降密切相关，而这又和它与基坑之间距离/挡土高度之比密切相关。当周边环境没有明确的变形控制标准时，可根据基坑的环境保护等级确定基坑变形的设计控制指标：当围护结构与后方已有建筑物、构筑物之间的净距大于 2 倍、小于等于 4 倍基坑深度时，围护结构位移不应大于基坑深度的 0.7%；当围护结构与后方已有建筑物、构筑物之间的净距大于 1 倍、小于等于 2 倍基坑深度时，围护结构位移不应大于基坑深度的 0.3%；当围护结构与后方已有建筑物、构筑物之间的净距小于等于 1 倍基坑深度时，围护结构的位移不应大于基坑深度的 0.18%。因此，本标准参照现行上海市工程建设规范《基坑工程设计规范》DG/TJ 08—61 关于不同基坑等级、不同周边环境条件下围护结构允许位移的有关规定提出周边环境允许的护岸变形控制指标。

2 沉桩影响方面

工程实践经验表明，桩基密集（中心间距小于 3 倍桩径）、桩径较大（桩径大于 300 mm）情况（如前板桩高桩承台护岸），若采用挤土桩，对周边建筑物挤土效应明显；桩基较为稀疏（中心间距大于等于 3 倍桩径）、桩径较小（桩径小于等于 300 mm）情况（如桩基 L 型挡土墙护岸），挤土桩对周边建筑物挤土效应很小。

根据《桩基工程手册》（人民交通出版社，2008 年），挤土包括土体的侧向位移和隆起，在粘性土地基中，土体的侧向位移和隆起在沉桩区及附近 10 倍～15 倍桩径范围达到较大值，并随距离的增大而逐渐减小，影响范围约为1倍桩基入土深度。

现行上海市工程建设规范《地基基础设计标准》DGJ 08—11规定，考虑振动和挤土的综合作用后，沉桩监测的最大范围为1.5倍桩基入土深度，适用于陈旧的三层以下砌体结构房屋，采用条基的建筑物等的沉桩监测范围为1倍桩基入土深度，采用筏基、箱基的建筑物的沉桩监测范围为0.5倍桩基入土深度。

综合以上规定，本标准作出规定。

3 基槽开挖支护方面

本市护岸基槽开挖深度普遍小于4 m，基槽开挖底边线之间与建筑物、构筑物的净距大多大于等于3倍基槽开挖深度，普遍采用一级放坡开挖方式施工；当基槽开挖底边线之间与建筑物、构筑物的净距介于2倍～3倍基槽开挖深度时，一般采用一排槽钢或原木桩支护；当建筑物、构筑物与基槽开挖底边线之间的净距介于1倍～2倍基槽开挖深度且基槽开挖深度小于等于4 m时，一般采用单排无支撑的型钢水泥土搅拌桩或钢板桩支护。根据现行上海市工程建设规范《基坑工程技术标准》DG/TJ 08—61，基坑开挖深度不超过4 m时，可采用一级放坡的开挖方式；对于较重要的市政管线、采用天然地基或短桩基础的建筑物等，监测范围为2倍基槽开挖深度；对于优秀历史建筑，有精密仪器与设备的厂房，其他采用天然地基或短桩基础的重要建筑物、轨道交通设施、隧道、防汛墙、原水管、自来水管、煤气总管、共同沟等重要建筑物或设施，监测范围为4倍基槽开挖深度；对于板式支护体系，基槽开挖的主要影响范围为0～2倍基槽开挖深度，其次影响范围为2倍～3倍基槽开挖深度，3倍基槽开挖深度处影响约5%，最大影响范围为4倍。其他情况支护的设计可参照现行上海市工程建设规范《基坑工程技术标准》DG/TJ 08—61执行。

护岸施工前、施工期间和完工后，对有关建筑物和设施的监测具体可参照现行上海市工程建设规范《基坑工程技术标准》DG/TJ 08—61和《基坑工程施工监测规程》DG/TJ 08—2001执行。

需要指出的是，护岸施工和建成后不应影响周边已有建筑物和设施的结构安全，是指护岸施工和建成后对周边已有建筑物和设施的结构安全影响程度不应超过相关标准的规定。

8.2.13 护岸墙后基槽回填质量关系到护岸的整体稳定、渗透稳定、结构内力和变形。本条根据本市内河航道建设经验作出规定。

8.2.14 直立式护岸不利于落水人员的自救，本标准规定直立式护岸应间隔布置救生设施，如救生环、救生梯等。

8.3 船行波对护岸的影响及措施

8.3.1 船行波是护岸结构设计的重要参数。由于船行波与船型、航速、护岸型式有关，因此本标准要求设计航速较大航道的护岸、特别重要的护岸，以及尚未经过工程实践检验的新型生态护岸，宜在计算的基础上，通过正态物理模型试验验证确定设计船行波波要素、波浪爬高，以及各特征点的越浪量、波压力。

8.3.2 生态护岸设置可靠的消浪、挡浪结构的目的是有效阻挡船行波对岸坡的冲刷，防止船行波对水生植物造成损坏。

护岸结构顶高程是指护岸前沿线处的主体结构顶高程，护岸防护结构顶高程指为防止船行波冲刷的防护结构顶高程。

刚性防护结构指挡墙、板桩类墙、硬质护坡等不能适应冲刷变形的防护结构；柔性防护结构指混凝土联锁块软体排等可以适应冲刷变形的整体性防护结构，不包括抛石等散状结构。

9　航道疏浚、开挖

9.1　一般规定

9.1.1　航道疏浚是指护岸前沿线之间水下土方疏浚，航道开挖包括护岸前沿线之间水上土方开挖和水下土方开挖，不包括护岸基槽的土方开挖。

9.1.2　疏浚岩土勘察资料中的环境指标应根据土方消纳点的要求确定。

9.1.3　现行行业标准《水运工程测量规范》JTS 131 未对内河航道断面测量提出针对性的要求，本标准根据本市内河航道建设经验修改了该项内容。

9.2　疏浚、开挖边坡及工程量

9.2.3～9.2.4　由于内河航道的条件不同于外海，因此不宜直接套用现行行业标准《疏浚与吹填工程设计规范》JTS 181—5 的规定计算超深、超宽。本标准根据内河航道的特点和本市实践经验，对计算超深、超宽作出了规定。允许超宽、超深是为了确保护岸及临河建筑物的安全，根据本市工程实践经验作出的规定。

另外，维护性航道疏浚工程应以不影响两岸已有建筑物和设施的安全为原则，根据航道维护的不同要求和可实施性，综合确定计算超深、计算超宽、允许超深、允许超宽；必要时，可采用允许欠宽、允许欠深值。

9.3 疏浚、开挖工艺

9.3.2 航道疏浚工艺应根据质量和环境要求，考虑航道水下地形、土质、水流、水位、水域宽度、通航条件等因素，结合疏浚土处理方式以及疏浚设备性能等合理确定。常用的疏浚工艺、流程与适宜范围见表 9-1。

表 9-1 常用的疏浚工艺

方式	疏浚设备组合	工艺流程与适宜范围
挖运抛	斗式挖泥船、泥驳	斗式挖泥船挖泥装驳-泥驳运泥-泥驳抛泥； 适宜具备抛泥区的疏浚工程
挖运吹	斗式挖泥船、泥驳、吹泥船	斗式挖泥船挖泥装驳-泥驳运泥-吹泥船将泥土吹填至泥土处理区； 适宜疏浚区与泥土处理区相距较远，有水路相通的疏浚工程
挖运卸	斗式挖泥船、泥驳、挖机、自卸卡车	斗式挖泥船挖泥装驳-泥驳运泥-挖机卸土—自卸卡车—运至泥土处理区； 适宜疏浚区与泥土处理区相距较远，有水路、陆路相通的疏浚工程
挖吹	绞吸挖泥船	绞吸挖泥船挖泥区挖泥，通过输泥管线将泥土输送到泥土处理区； 适宜疏浚区与泥土处理区相距适宜的疏浚工程施工

注：对于“挖吹”工艺，为了增加吹距，可加设接力泵，或把两条绞吸船串联。

9.3.3 根据本市内河航道规划，涉及多条内河航道需要干地开挖形成。从实施效果来看，在水下疏浚和泥驳运泥条件较差的航段，干地开挖工艺更为适用，但如果施工不当，会引发许多问题。因此，本标准根据本市多条内河航道干地开挖经验和现行上海市工程建设规范《基坑工程技术标准》DG/TJ—08—61，针对性地提出了干地开挖工艺的要求。

9.4 疏浚、开挖土管理

9.4.1 根据现行行业标准《疏浚与吹填工程设计规范》JTS 181—5，疏浚、开挖土管理方式包括利用、处置和处理。

疏浚、开挖土应根据相关要求对土质进行检测。

10 助航与航道信息化设施

10.2 助航设施

10.2.5 内河航道的有关信息可包括航道尺度、水上过河建筑物通航净空尺度、设计最低通航水位、设计最高通航水位、通航气象条件与气象信息、设计航速、施工对通航的影响、通行控制信息及停泊服务信息。

11 管理设施

11.1 一般规定

11.1.1～11.1.4 管理设施设计尚应符合交通部《内河航道维护技术规范》JTJ 287、国务院《中华人民共和国航道管理条例》、交通运输部《中华人民共和国航道管理条例实施细则》的规定。

11.2 管理站点

11.2.1～11.2.2 管理站点包括原有的海事站点以及航道管理站，其中海事站点是水上交通安全监督管理的基层执法单位，根据所管辖水域内管理工作量的大小而确定规模等级。建设要求按照上海市地方海事局发布的《上海市地方海事局站点建设及装备配置标准》(沪地海装备〔2009〕79 号)和上海市地方海事局发布的《上海市地方海事(航务)系统政务中心外观形象、标志及内部设置标准》(沪地海监察〔2011〕2 号)执行。省际检查站属于海事站点的一种。航道管理站点按照《中华人民共和国航道管理条例实施细则》的有关规定配置航道管理站，其等级和数量可依据所管辖的航道情况配置。

管理站点等级划分、选址与布置、建筑标准以及装备配置应同时按照行业管理部门的有关规定确定。

12 过河、临河建筑物

12.1 一般规定

12.1.1 本条根据现行国家标准《内河通航标准》GB 50139 编制。

除上海市交通委员会发布的《关于进一步明确本市航道市区两级管理的若干规定》附表所列的 117 条航道外，其余在《上海市内河航道规划和Ⅴ～Ⅶ定级报告》(1999.11)之列(除已发文废除航运功能)的航道，水上过河建筑物的通航净高尺度原则上按不低于现有跨航道桥梁的通航净高控制；特别困难时，经充分论证可适当降低。水上过河建筑物的通航净宽尺度原则上按不小于现有跨航道桥梁的通航净宽和 16 m 二者大值控制；若航道规划面宽小于 22 m，应一跨过河。

水下过河建筑物在航道两岸陆域用地控制线之间的顶部设置深度按Ⅶ级航道执行。

12.1.2 桥梁、隧道、管线等过河建筑物若先行实施，如不同步按规划建设其红线或保护范围内的航道护岸，将可能会对后期航道工程的实施造成影响。因此，应尽量同步设计、同步建设。考虑到桥梁、隧道实施后难以再实施护岸，故要求护岸工程与桥梁、隧道工程应同步实施。如规划的河口宽度小于航道设计面宽，为满足航运需求，应按航道设计面宽实施护岸。

12.2 水上过河建筑物

12.2.1 根据现行国家标准《内河通航标准》GB 50139 的相关内

容结合本市航道特点编写。

2 转角≤15°的航段以及弯曲半径大于等于航道代表船型顶推船队长度的6倍或货船长度12倍的航段属于顺直微弯航段，不属于本标准第12.2.1条所指的弯道。

3 水上过河建筑物与规划港区、装卸码头、停泊区码头和锚地的安全距离，由于开敞航道流速较大，且存在双向水流，故不得小于码头设计船型顶推船队的3倍或货船长度的4倍；闸控航道流速较小，不得小于码头设计船型顶推船队的2倍或货船长度的3倍。

12.2.2 根据现行国家标准《内河通航标准》GB 50139的相关内容结合本市航道特点编写。

2 考虑到本市航道两侧建筑、路网密集，桥梁选址和布跨受限因素较多，跨航道桥梁接线难度大。因此，对航道顺直、水流平稳、河床稳定、通航条件较好的航段，经充分论证，水上过河建筑物可采取水中设墩的布置方式，但水中墩柱纵轴线应与航道中心线平行。同时，为了尽可能保障安全，特别要求通航孔应采用矩形断面，不得采用梯形断面。

3 水上过河建筑物轴线的法线方向与水流流向的交角，是指在不同水位期可能出现的最大交角，对开敞航道应同时考虑径流或潮流可能产生的最大交角。

5 防撞设施分为主动防撞设施和被动防撞设施，主动防撞设施指能够提示船舶避免撞击桥梁的信息化设施，被动防撞设施指设置在桥梁墩柱前后的防撞墩、防撞桩等设施。位于水中承台（包括墩柱承台和被动防撞设施的承台）顶高程应高于设计最高通航水位以上20 cm，以保证船舶在最高通航水位航行时可见，且底高程不应高于设计最低通航水位，防止船舶钻入其下。

12.2.3～12.2.4

1 Ⅱ～Ⅳ级航道水上过河建筑物通航净宽 B_m 范围内通航净高不应小于7 m，是根据原交通部文件《关于发布〈长江三角洲高等级航道网建设有关技术问题的暂行规定〉的通知》（交水发

〔2005〕27 号)编制的。

2 非限制性航道的通航净宽

现行国家标准《内河通航标准》GB 50139 规定先按公式计算,若计算值小于《内河通航标准》GB 50139 表 5.2.2-1,则按该表执行。测算表明,《内河通航标准》GB 50139 表 5.2.2-1 规定的单孔双向通航净宽是以顶推船队、航行漂角 6°、横向流速 0.3 m/s(Ⅲ级航道)、0.2 m/s(Ⅳ级航道)为条件的计算值。

本市航道有如下特点:

1) 本市闸控航道基本无横流,船舶或船队航行漂角取 6°、横向流速取 0.2 m/s~0.3 m/s,计算结果明显偏大。

2) 本市开敞航道的航道面宽、纵向流速相对于长江等河道较小,相应横流也较小,且各航道条件也存在差异,不宜统一取横向流速 0.3 m/s(Ⅲ级航道)、0.2 m/s(Ⅳ级航道)作为最小值。

3) 本市许多非限制性航道规划面宽窄,若按现行国家标准《内河通航标准》GB 50139 表 5.2.2-1 的规定值执行或规定最小值,通航净宽往往会超过航道规划面宽,不尽合理。

基于以上情况,本标准规定按附录 D 的方法计算确定通航净宽,当单孔双向通航净宽的计算值超过航道规划面宽时,按航道规划面宽取值(若航道按规划航道等级整治的航道实施面宽小于规划航道面宽时,可按航道实施面宽取值),而不把现行国家标准《内河通航标准》GB 50139 表 5.2.2-1 的规定值作为最小值。

3 限制性航道的通航净宽:本标准参照现行国家标准《内河通航标准》GB 50139 中通航净空尺度与航道底宽的相互关系,根据实际航道底宽的取值调整确定。通航净宽 B_m 以设计的航道底宽 B 为基础增加富裕值的原则确定,富裕值为《内河通航标准》GB 50139 中的通航净宽 B_m 与航道底宽 B 的差值,同时规定,当通航净宽计算值大于航道规划面宽时,取航道规划面宽(若航道按规划航道等级整治的航道实施面宽小于航道规划面宽时，可按航道实施面宽取值）。

4 水中墩柱引起的紊流宽度根据现行国家标准《内河通航标准》GB 50139 的相关规定，综合国内外有关研究成果编写。

国内外研究表明，紊流碍航宽度与墩柱形状及宽度、行进流速、行进水深、来流夹角等因素有关。

1）研究桥墩周围紊流特性的方法主要有正态物理模型试验、二维水流数值模拟、三维水流数值模拟。正态物理模型试验能够较好地模拟桥墩绕流特征、强三维性和非恒定性等，但需要注意模型缩尺效应和仪器测量的精度对研究精度的影响，模型比尺越小，对精度影响越大。桥墩局部绕流存在不规则的边界和很强的回流、强三维性和非恒定性，而二维水流数值模型中无法考虑三维漩涡的影响。Fluent 软件是目前国内外使用最多、最流行的商业计算流体动力学（Computational Fluid Dynamics, CFD）软件之一，在模拟定常/非定常三维水流运动方面具有很高的精度，近年来被水运工程界引进，用于丁坝局部水流数值模拟研究等，取得了较为满意的效果。因此，桥墩紊流宽度宜通过正态物理模型试验或三维水流数学模型计算确定。考虑到模型缩尺效应和仪器测量的精度对研究精度的影响，模型比尺不应小于 1∶150；当桥墩宽度小于 15 m 时，模型比尺不宜小于 1∶75。

2）我国研究人员通过研究，提出了众多桥墩紊流宽度计算公式、方法，这些公式主要采用特定条件下的水槽试验研究数据，通过量纲分析的方法推导得出，使用范围受到很大的限制性。本标准对业内有一定代表性的计算公式作一定的述评，在此基础上加以选择并阐明取用的理由。

胡旭跃等利用 PIV 技术测量了建桥河道中的二维水流流场，

并根据水流表层涡漩情况确定桥墩紊流宽度，得到顺直水槽单个圆柱形桥墩两侧水流表层涡漩区宽度与弗汝德数 $F_r(0.14 \sim 0.4)$ 的相关关系。当两墩间距与桥墩宽度的比值不小于10时，桥墩间距对紊动宽度影响甚小，按单个桥墩计算。$B/D = -7.2377F_r^2 + 11.328F_r - 0.8728$。式中，$B$ 为紊流宽度，D 为桥墩宽度，B/D 为相对紊流宽度。

许保华等通过水槽动床模型试验，分析了多种结构型式的桥墩在多种水流方向条件下的通航影响宽度，得到水流方向与桥墩轴线法线方向夹角变化条件下的桥墩周围单侧通航影响宽度 D_s 的计算方法。矩形沉井基础：$D_s = (0.0907\beta + 5.5835)R/2$，桩基础：$D_s = (0.07323\beta + 2.507)R/2$。

庄元通过比尺 1∶200 的水槽定床和动床试验进行对比分析，分析了行进流速、行进水深、来流角度、桥墩尺寸、桥墩墩型和桥墩冲刷等因素对桥墩紊流宽度的影响，并认为以定床模型试验成果作为桥墩紊流宽度的最终结果在一定程度上更加合理，函数关系表示为 $E = 0.88k_s v^{0.57} b^{0.56} h^{0.44}$，其中：$E$ 为桥墩紊流总宽度(m)，k_s 为与桥墩形状相关的系数，v 为墩前水流流速(m/s)，b 为墩形计算宽度(m)，h 为桥墩附近水深(m)。对于圆柱墩和片状墩 $k_s=1.0$，b 即为桥墩宽度；对于圆头墩 $k_s=0.8$，$b=$(墩长－墩宽)$\sin\alpha$＋墩宽，α 为桥轴线与水流夹角；对于尖头墩 $k_s=0.66$；$b=$(墩长－墩宽)$\sin\alpha$＋墩宽；对于方头墩 $k_s=1.2$，$b=$(墩长 $\sin\alpha$＋墩宽 $\cos\alpha$)。

何小花等通过概化水槽试验，采用 Micro ADV 流速仪测量瞬时流速，得到矩形桥墩周围纵向、横向和垂向时均流速和紊流强度的横向分布，发现水下的紊流强度相对水面的紊流强度要大，同时认为在确定通航不安全紊流范围时，应考虑水面以下涡漩运动更剧烈的区域；比较了有、无桥墩的时均流速和紊流强度横向分布变化，得出桥墩对时均流速和紊流强度的影响幅度和范围。给出了桥墩最大相对紊流宽度随断面平均流速的变化关系：

$(B/D)_{max}=0.2241\ln U+1.3286$。

祖小勇认为桥墩对紊流强度的变化影响存在极值，极值大小和出现位置与流速有关，流速越大，极值越大，且极值位置与桥墩的距离也越大。根据极值出现位置离桥墩距离确定紊流宽度，即 $(X-D/2)$ 作为紊流宽度 B，B/D 与函数的关系可表示为 $(B/D)=3.9977F_r^{0.6}$。

对比分析认为，庄元公式基于较为系统的定床物模试验，考虑的因素比较全面，研究的精度较高，可作为紊流宽度计算公式，但考虑到模型缩尺效应和仪器测量的精度对研究精度的影响，模型试验研究与实际存在一定的差异，不能直接套用，因此考虑在计算值的基础上乘以扩大系数(1.2～2.0)，作为不开展正态物理模型试验或三维水流数学模型计算研究时的紊流宽度取值。

6 内河航道上的桥梁从事故后果严重性来看，最危险的是危险品管线桥，其次是铁路桥、城市轨道交通桥、结构独立的人行桥及非机动车桥、一般管线桥。因此，危险品管线桥比标准提高1 m，且采用矩形通航孔。铁路桥、城市轨道交通桥、结构独立的人行桥及非机动车桥、一般管线桥比标准提高0.5 m。

12.2.5 船舶撞击速度参照现行行业标准《公路桥梁抗撞设计规范》JTG/T 3360—02 中的相关方法确定。

12.2.6 本条参照现行行业标准《运河通航标准》JTS 180—2 中的相关规定确定过河缆线的通航净高。

12.3 水下过河建筑物

12.3.1 在现行国家标准《内河通航标准》GB 50139 的基础上，提出了离开码头、装卸区的距离要求。考虑到本市土地资源十分宝贵，且内河船舶一般采用系缆而非锚泊，其距离不应小于水下过河建筑物的安全保护距离。在特殊情况下不能满足安全保护距离的，经论证，可采取必要的工程措施解决。

12.3.2 对危险品管线,增加埋置深度。

12.4 临河建筑物和设施

12.4.6 船舶利用航道底宽水域调头会不同程度地影响航道通过能力,需要加以限制,当缺乏资料时,可根据航行密度与航道通过能力的比值按以下原则操作:设计水平年航道日船舶流量小于等于航道日船舶通过能力的1/3的航段,允许船舶在航行密度不高的时段利用全部航道底宽水域调头;设计水平年航道日船舶流量介于航道日船舶通过能力的1/3~1/2之间的航段,允许船舶在航行密度不高的时段利用一半的航道底宽水域调头;设计水平年航道日船舶流量大于航道日船舶通过能力的1/2的航段,船舶利用航道底宽水域调头会严重影响航道通过能力,船舶不应利用航道调头。

附录 A 航道通过能力计算

A.0.1～A.0.3 国内外航道通过能力计算公式众多，典型公式有德国公式、长江公式、苏南运河公式、闵朝斌公式等。本标准航道通过能力计算公式、参数根据《航道工程手册》和有关文献，综合德国公式、长江公式、苏南运河公式、闵朝斌公式等航道通过能力的有关公式和参数编制确定。

考虑到实际运行时不同航道的船舶平均装载系数有所不同，单纯采用货物通过能力不尽合理。本标准航道通过能力分为船舶通过能力和货物通过能力。借鉴船闸通过能力计算中单向年过闸船舶总载重吨的概念，引入航道的船舶通过能力的概念，首先计算航道的船舶通过能力，再根据船舶平均装载系数计算航道的货物通过能力。由于航道的船舶通过能力剔除了船舶装载比例问题，对于从交通流量角度评价航道（特别是控制航段）的通过能力更有意义。

本标准综合系数 K 按标准船型船长与前后两艘船头距离之比，船舶航行密度增大使航行阻力增加引起的折减系数，到港不平衡引起的折减系数，船舶交会时减速引起的折减系数，标准船型折减系数的乘积取值确定。标准船型船长与两艘船头距离之比按 0.2～0.22（开敞航道取低值，闸控航道取高值），航行密度增大使航行阻力增加引起的折减系数取 0.9，到港不平衡引起的折减系数取 0.6，船舶交会时减速引起的折减系数取 0.8，标准船型折减系数取 0.9，由此，计算得到综合系数为 0.078～0.088（开敞航道取低值，闸控航道取高值）。

附录 B　直线段航道底宽计算

B.0.1～B.0.2　此两条公式及参数引用现行国家标准《内河通航标准》GB 50139、现行行业标准《航道工程设计规范》JTS 181 中的天然径流河段直线段双线航道宽度计算公式。

其中，闸控航道基本没有横向流速，船舶或船队航行漂角适当减小。

附录 C　设计船行波波要素及其爬高的计算

C.0.1～C.0.2　此两条公式主要根据《航道工程手册》中的荷兰 Delft 水工试验所提出的公式和我国船行波实测资料编制。船行波问题在荷兰、美国、苏联已经进行了相当多的研究，荷兰 Delft 水工试验所提出的两套公式被广泛应用，其中 1 套公式被纳入国际航运协会常设技术委员会 57 号通报中。我国江苏、浙江在 20 世纪 90 年代分别开展船行波现场测试研究，研究表明，荷兰 Delft 水工试验所第 1 套公式的计算值与船行波实测值最为接近，本标准通过大量船行波实船试验和数学模型相结合研究，得出修正系数 β 值，分为波峰 β_1 和波谷 β_2，波峰建议取用 0.355，波谷建议取值 0.277。考虑到船行波主要作用对象是岸坡，船行波波高应为护岸坡脚处值。

附录 D　非限制性航道水上过河建筑物通航净宽的计算

D.0.1　本条公式及参数引用现行国家标准《内河通航标准》GB 50139 中的天然和渠化河流水上过河建筑物通航净宽计算公式。其中，本市闸控航道基本没有横向流速，船舶或船队航行漂角应适当减小。

附录 E　取消货运功能航道主要技术参数

E.0.1　内河客运船型主要为游览船与游艇，本市取消货运功能航道与荷兰阿姆斯特丹运河带条件类似，目前苏州河营运的游览船与荷兰阿姆斯特丹运河带上常见船型外观和航行区域接近。

对苏州河、杭州市及阿姆斯特丹运河带共计 336 艘游览船（表 E-1～表 E-5）的尺度进行统计，游览船总长 6.57 m～24.85 m，船宽 2.10 m～4.60 m。根据游览船总长分布特点，分为小型游船（总长≤10 m，83 艘，占 24.7%）、中型游船（10 m<总长≤15 m，124 艘，占 36.9%）及大型游船（15 m<总长≤25 m，129 艘，占38.4%）；按国际惯例，小型游艇总长≤10.5 m。

结合苏州河游览船与本市游艇业发展趋势，借鉴阿姆斯特丹运河带游览船型，并考虑载客量覆盖范围，确定本市取消货运功能航道水上观光游览发展的目标船型（见表 E-6），并取部分常见船型作为代表船型，详见附录 E 中表 E.0.1。

表 E-1　荷兰阿姆斯特丹注册客运船舶技术一览表

船舶名称	船舶类型	载客数量（人）	船长 L(m)	船宽 B(m)	吃水 T(m)	空载水线以上高度 H(m)
De Liefde	Overige pass	12	13.25	3.38	1.50	
Floating Dutchman	Bus boot	46	14.45	2.50	1.65	
Anne Frank(museum boot)	Rondvaart boot	44	15.20	3.50	1.20	
Amstel-Saffier(voorheen Amsteltoerist 4)	Rondvaart boot	86	16.65	4.02	1.40	
Dr. Albert Schweitzer	Rondvaart boot	88	16.70	4.08	1.48	
Johan Strauss	Rondvaart boot	88	16.80	4.07	1.42	

续表 E-1

船舶名称	船舶类型	载客数量(人)	船长 L(m)	船宽 B(m)	吃水 T(m)	空载水线以上高度 H(m)
Hilda 4	Rondvaart boot	76	16.87	3.63	1.30	
Mondriaan	Rondvaart boot	80	17.40	4.30	1.66	
Corneille	Rondvaart boot	80	17.57	4.25	1.66	
M.C.Escher	Rondvaart boot	80	17.57	4.25	1.66	
Prins Willem v. oranje (vh: Gesina Stephana)	Rondvaart boot	90	17.62	4.06	1.49	
Koningin Wilhelmina (vh: Cornelis Albertus)	Rondvaart boot	94	17.66	4.04	1.55	
Barracuda	Sloep	38	17.98	3.60	1.55	
Old Queen	Salon boot	50	18.00	3.50	1.50	
Prins Hendrik (voorheen: Carly Monique)	Rondvaart boot	100	18.35	4.06	1.51	
Abel Tasman	Rondvaart boot	89	18.47	4.06	1.50	
Aert van Nes	Rondvaart boot	44	18.47	4.06	1.50	
Charles Gounod	Rondvaart boot	89	18.47	4.06	1.50	
Franz Lehar	Rondvaart boot	96	18.47	4.06	1.45	
Henry Hudson	Rondvaart boot	89	18.47	4.06	1.50	
Horatio Nelson	Rondvaart boot	89	18.47	4.06	1.50	
Jan van Riebeeck	Rondvaart boot	89	18.47	4.06	1.50	
Koningin Emma (vh: Johanna Clasina)	Rondvaart boot	96	18.47	4.06	1.38	
Ludwig von Beethoven	Rondvaart boot	96	18.47	4.06	1.45	
Michiel de Ruyter	Rondvaart boot	89	18.47	4.06	1.50	
Olivier van Noort	Rondvaart boot	96	18.47	4.06	1.50	
W.A. Mozart	Rondvaart boot	88	18.47	4.06	1.50	

续表 E-1

船舶名称	船舶类型	载客数量（人）	船长 L(m)	船宽 B(m)	吃水 T(m)	空载水线以上高度 H(m)
Jeroen Krabbe	Rondvaart boot	60	18.52	4.25	0.00	
Rembrandt	Rondvaart boot	59	18.52	4.25	1.66	
Van Gogh	Rondvaart boot	55	18.52	4.25	1.67	
Albert Cuyp	Rondvaart boot	46	19.43	4.25	1.45	
Breitner	Rondvaart boot	81	19.43	4.25	1.45	
Judith Leyster	Rondvaart boot	81	19.43	4.25	1.45	
Nelson Mandela (vh: Karel Doorman)	Rondvaart boot	84	19.78	4.06	1.30	
Ir.Frits Fentener van Vlissingen	Rondvaart boot	72	19.85	4.25	1.40	
Amstel-Aquamarijn (voorheen Amsteltoerist 2)	Rondvaart boot	114	19.93	4.22	0.00	
Barlaeus	Rondvaart boot	100	20.00	4.25	0.00	
Bredero (City Tender 1)	Open rondvaart boot	65	20.00	4.00	1.12	1.80
Multatuli (City Tender 3)	Open rondvaart boot	65	20.00	4.00	0.70	1.80
Vossius	Rondvaart boot	100	20.00	4.25	1.41	<1.95
Amstel Glory	Rondvaart boot	110	20.74	4.21	1.43	
Pieter Heyn I	Rondvaart boot	60	20.91	4.25	1.40	
Pieter Heyn II	Rondvaart boot	40	20.91	4.25	1.40	
Pieter Heyn III	Rondvaart boot	60	20.91	4.25	1.40	
Stan Huygens	Rondvaart boot	25	21.00	4.60	1.00	
Amstel-Diamant(voorheen Amsteltoerist 6)	Rondvaart boot	126	21.35	4.25	1.37	

续表 E-1

船舶名称	船舶类型	载客数量（人）	船长 L(m)	船宽 B(m)	吃水 T(m)	空载水线以上高度 H(m)
Amstel-Jade(voorheen Amsteltoerist 5)	Rondvaart boot	126	21.35	4.24	1.21	
Amstel-Robijn(voorheen Amsteltoerist 3)	Rondvaart boot	114	21.35	4.24	1.37	
Amstel-Smaragd(voorheen Amsteltoerist 1)	Rondvaart boot	126	21.35	4.24	1.37	
Lido	Rondvaart boot	80	21.50	4.34	1.36	<1.95
Merwede	Rondvaart boot	75	21.50	4.10	1.45	1.80
Pc Hooft	Rondvaart boot	80	21.50	4.10	1.45	1.80
Byzantium	Rondvaart boot	70	21.53	4.30	1.48	<1.95
City of Amsterdam	Rondvaart boot	100	21.53	4.30	1.48	<1.95
Paradiso	Rondvaart boot	100	21.53	4.01	1.10	
Anton Dreesmann	Rondvaart boot	84	21.80	4.27	1.50	
Prinses Alexia (vh: Karin Jolanda)	Rondvaart boot	120	22.08	4.28	1.16	
Prinses Ariane (vh: Kiki Nadine)	Rondvaart boot	120	22.10	4.33	1.16	
Toon Hermans	Rondvaart boot	122	22.35	4.25	1.42	
Wim Kan	Rondvaart boot	122	22.35	4.25	1.56	
Jannes Lovers	Rondvaart boot	122	22.47	4.25	1.27	
Mulder	Sloep	12	22.50	4.53	1.46	
Pierre Janssen	Rondvaart boot	140	22.50	4.27	1.58	
BZN 2 (museum boot)	Rondvaart boot	90	23.10	4.50	1.05	
BZN 3 (museum boot)	Rondvaart boot	102	23.10	4.50	1.05	
BZN 4 (museum boot)	Rondvaart boot	119	23.10	4.40	1.05	

续表 E-1

船舶名称	船舶类型	载客数量(人)	船长 L(m)	船宽 B(m)	吃水 T(m)	空载水线以上高度 H(m)
Wim Sonneveld/ Showboat	Rondvaart boot	80	23.12	4.08	1.43	
Flying Enterprise	Rondvaart boot	140	23.60	4.41	1.30	
Horizon	Rondvaart boot	54	24.85	4.35	1.40	＜1.95

表 E-2 杭州市游览客船技术参数统计一览表

船长范围(m)	船舶长度(m)		船舶型宽(m)		船舶型深(m)		客位(人)
	L_{max}	L_{min}	B_{max}	B_{min}	H_{max}	H_{min}	
8～10	9.88	8.10	2.86	2.10	1.00	0.65	15～26
10～12	11.65	10.00	3.20	2.50	1.10	0.90	18～40
12～14	13.98	12.30	3.80	2.90	1.14	0.90	40～60
14～16	14.80	14.00	4.40	3.80	1.45	0.90	24～45
16～18	17.28	16.00	4.50	3.05	1.51	1.10	28～60
18～20	19.60	19.22	4.30	4.20	1.50	1.10	20～80
20～25	23.00	20.70	5.30	4.10	1.55	1.10	45～48

注:表中所统计的船型仅为内河客运船型,未包括西河客运船型。

表 E-3 杭州市游艇技术参数统计一览表

船长范围(m)	船舶长度(m)		船舶型宽(m)		船舶型深(m)		客位(人)
	L_{max}	L_{min}	B_{max}	B_{min}	H_{max}	H_{min}	
6～8	7.93	6.24	3.50	2.25	1.55	0.60	9～11
8～10	8.41	8.00	2.98	2.50	1.55	0.60	8
10～12	11.43	10.40	3.75	3.40	1.75	1.40	11
12～14	13.36	12.19	4.16	3.60	2.36	1.00	10
14～16	—	—	—	—	—	—	—
16～18	16.46	16.15	4.92	4.72	2.77	1.70	10
18～20	19.81	18.40	5.25	4.78	2.70	1.72	

表 E-4　苏州河运营的客运船型技术参数一览表

船名(类型)	吨位(t)	总长(m)	型宽(m)	型深(m)	满载吃水(m)	载客(人)	空载水线以上高度(m)
苏州河 1(游览艇)	6	6.57	2.59	0.80	0.40	10	1.70
苏州河 2(游览艇)	6	6.57	2.59	0.80	0.40	10	1.70
苏州河 3(游览艇)	6	6.57	2.59	0.80	0.40	10	1.70
苏州河 11(普通客船)	15	11.50	3.00	1.42	0.63	26	1.33
苏州河 12(普通客船)	15	11.50	3.00	1.42	0.65	26	1.31
苏州河 21(游览客船)	31	17.70	4.10	1.35	0.60	50	1.26
龙建号(旅游客船)	31	17.70	4.10	1.35	0.60	25	1.26
苏州河 10(普通客船)	23	13.50	3.20	1.42	0.57	28	1.38

表 E-5　国内部分游艇船型尺度统计表

船型(m)	船长(m)			船宽(m)			吃水(m)		
	最小	最大	平均	最小	最大	平均	最小	最大	平均
<3.5	2.54	3.45	2.88	1.05	1.55	1.18	0.15	0.15	0.15
[3.5, 4.5)	4.10	4.45	4.20	1.65	2.16	1.86	0.15	0.31	0.22
[4.5, 5.5)	4.60	5.49	5.09	1.75	2.31	2.09	0.20	0.91	0.36
[5.5, 6.5)	5.54	6.40	5.93	2.13	2.60	2.39	0.28	0.97	0.73
[6.5, 7.5)	6.53	7.49	6.99	1.59	2.60	2.54	0.38	0.97	0.80
[7.5, 8.5)	7.50	8.48	8.11	2.48	3.05	2.71	0.38	1.09	0.95
[8.5, 9.5)	8.84	9.30	9.07	2.54	3.20	2.89	1.02	1.14	1.08

续表 E-5

船型(m)	船长(m)			船宽(m)			吃水(m)		
	最小	最大	平均	最小	最大	平均	最小	最大	平均
[9.5, 10.5)	9.60	10.21	10.04	2.54	4.09	3.51	0.74	1.09	0.91
[10.5, 11.5)	10.57	11.43	11.06	2.54	4.32	3.84	0.79	0.99	0.90
[11.5,12.5)	11.58	12.29	11.78	2.54	4.34	3.74	0.81	0.99	0.92
[12.5, 13.5)	12.62	13.41	12.76	2.54	4.42	4.06	1.02	1.25	1.06
[13.5, 14.5)	13.75	14.44	13.97	2.70	4.55	4.19	0.94	1.09	1.03
[14.5, 15.5)	14.71	14.80	14.75	4.42	4.65	4.54	1.00	1.13	1.07
[15.5, 16.5)	15.25	15.84	15.57	4.50	4.68	4.56	1.22	1.25	1.24
[16.5, 17.5)	16.69	17.05	16.85	4.57	5.00	4.84	1.19	1.37	1.26
[17.5, 18.5)	17.60	17.96	17.78	4.80	4.85	4.83	1.25	1.26	1.25
[18.5, 19.5)	19.05	19.50	19.24	4.80	5.79	5.23	1.19	1.52	1.43
[19.5, 20.5)	19.66	20.49	20.12	4.85	5.91	5.25	1.36	1.60	1.44
[20.5, 21.5)	20.51	21.50	21.01	4.95	6.38	5.69	1.37	1.72	1.45

注:表中统计船型不包括帆船。

表 E-6 取消货运功能航道发展目标船型主尺度一览表

类型			船舶主尺度(m)				
			总长	型宽	型深	满载吃水	空载水线以上高度
游览船	小型	游览船 1	6.6	2.6		0.4	1.7
		游览船 2	9.4	2.5	0.9	0.5	
		游览船 3	9.5	2.9	0.9	0.5	
		游览船 4	9.8	2.7	0.9	0.5	
		游览船 5	9.9	2.8	1.0	0.6	
		游览船 6	10.0	3.0	1.0	0.6	
	中型	游览船 7	10.5	2.7	0.9	0.5	
		游览船 8	10.8	2.6	0.9	0.4	

续表 E-6

类型			船舶主尺度(m)				
			总长	型宽	型深	满载吃水	空载水线以上高度
游览船	中型	游览船 9	11.7	3.2	1.1	0.7	
		游览船 10	13.7	3.8	1.1	0.7	
		游览船 11	14.7	4.4	1.5	1.1	
		游览船 12	14.8	3.9	1.4	1.0	
		游览船 13	16.0	3.3	1.1	0.7	
		游览船 14	17.0	4.0	1.2	0.8	
		游览船 15	18.0	3.5	1.5	1.1	
	大型	游览船 16	18.5	4.1		1.5	
		游览船 17	19.6	4.3	1.4	0.9	
		游览船 18	21.0	4.6		1.0	
		游览船 19	22.5	4.3		1.3	
		游览船 20	24.9	4.4		1.4	<1.95
游艇	小型	游艇 1	6($4<L\leqslant6$)	2.8		0.9	2.3
		游艇 2	6($6<L\leqslant8$)	3.4		0.9	2.8
		游艇 3	6($8<L\leqslant10$)	4.0		1.0	3.5

注:空载水线上高度指至固定建筑物顶标高处,空载水线上高度资料暂未收集全,但要求游览船为单层,一般不超过 2.5 m。

E.0.2 取消货运功能的航道,设计最高最低通航水位确定方法可参照货运航道。

针对现有水上过河建筑物暂不具备改建条件的情况,为充分利用现有条件进行通航,可根据常水位时的航道水深及水上过河建筑物的通航净高,提出满足船舶安全通航的适航水位。

E.0.3 航道设计水深公式参照了现行行业标准《游艇码头设计规范》JTS 165—7,本标准所述的富裕水深 ΔH 主要包括船舶航行时船体下沉量和龙骨下最小富裕深度。

对于游船，考虑到船型吃水较浅，航道断面系数较大，对船舶航行无明显的阻碍作用，富裕水深参照天然和渠化河流航道，根据航道等级、流速或风浪大小、河床性质等因素进行取值。本市取消货运功能航道基本为Ⅵ～Ⅶ级或等外级航道，水流、风浪条件较好，为土质河床，取富裕水深为 0.2 m。

对于游艇，参照现行行业标准《游艇码头设计规范》JTS 165—7，取富裕水深为 0.3 m～0.4 m。

E.0.5 顶靠调头板位于护岸侧，材质一般为木质或橡胶等，可供船舶丁靠和掉头。

E.0.6 考虑游览船普遍吃水较小，断面系数一般大于 10，对于新建或改建的跨河建筑物，可参照非限制性航道计算水上过河建筑物通航净宽。

E.0.8 参照国外旅游航道的经验，限制航速宜取 6 km/h～8 km/h；通航条件复杂时，为保证船舶安全通行，宜采用船舶操纵试验研究确定安全航速。